나마스테 인도

2천 3백 일 동안 살아 본 인도 이야기

나마스테 인도

박흥섭 지음

좋은땅

❧ 서문 ❧

　23년 동안의 8개국 해외 생활 중에서 보낸 시간이 가장 길었던 나라가 인도이다. 인도에서 생활한 날들은 대략 2천 3백 일 정도이고, 뭄바이 2개 프로젝트에서 근무하면서, 정기 휴가, 출장, 여행 등으로 인도는 모두 39차례 입국했다.
　인도의 뭄바이는 한국보다 유럽과 아프리카 대륙에 가까워 여행하기에 유리한 위치에 있으며, 인도에서 6년 반 동안 해외 근무를 하면서, 매년 세 차례의 정기 휴가와 홀리 및 디왈리 연휴를 활용해 31개국을 여행할 수 있었던 것은 인도 생활이 준 특전이었다.

　2004년 3월, 대만 타이페이 101타워 현장에 사용할 석재(石材) 검수를 위해 처음으로 인도에 입국해서 델리, 첸나이, 마두라이 등을 둘러보았다. 처음으로 직접 마주한 올드델리는 충격 그 자체였다. 혼잡한 거리와 낙후된 풍경은 마치 시간을 거슬러 최명희 선생의 대하소설 《혼불》 속에서 상상해 보던 1930년대 과거의 한국 모습으로 들어간 듯한 착각을 불러일으켰다.
　좁은 골목마다 상점과 노점상이 빼곡히 들어서 있었고, 사람들은 발 디딜 틈 없이 오가며 끊임없이 무언가를 사고팔았다. 거리는 인도 특유의 음식 냄새와 함께, 사람들의 흥정 소리, 오토 릭샤들의 경적 소리가 한데 섞여 귀를 압도했다. 사이클 릭샤와 오토 릭샤들이 골목을 헤집었고, 도시 곳곳에 스며든 혼돈 속에서, 살아 숨 쉬는 삶의 현장을 온몸으로 느낄 수 있었다.

2007년부터 2011년까지 UAE 두바이 프로젝트에서도 현장 근로자들과 관리자들의 대다수가 인도인들이었다. 그러다 보니 인도인들의 특성에 대한 이해가 깊어졌지만, 동시에 일하는 방식의 차이에서 오는 스트레스도 많았다. 인도 근로자들은 열 명이 모여 있으면 실제로 일하는 사람은 서너 명에 불과하고, 나머지는 그 주변에서 구경하거나 가볍게 돕는 식이라서, 작업이 효율적으로 진행되지 않는 모습을 볼 때마다 답답함을 느꼈다.

하루의 작업량을 정해 놓고 그 이상은 굳이 서두르지 않는 모습, 그리고 여유롭게 동료들과 이야기를 나누며 일하는 분위기는 빠르고 효율적인 작업이 요구되는 건설 현장의 작업 방식에 제대로 미치지 못했기 때문에, 감독하는 기능의 인력을 예상보다 훨씬 더 늘려야 했다. 이처럼 인도인들과 함께 한 두바이에서의 4년은 단순한 해외 근무 경험을 넘어, 인도인들과의 문화적 차이를 몸소 체험하며 새로운 시각을 갖게 되었다.

2011년 3월부터 2012년 9월까지는 인도 뭄바이 프로젝트 수행을 위해, 처음으로 인도에서 직접 거주했다. 이전에 출장으로 인도를 다녀왔을 때보다 문화적 차이를 더욱 깊이 체감할 수 있었다.

뭄바이는 경제 중심지로 빠르게 성장하는 도시였지만, 혼잡한 교통과 소음, 극심한 빈부 격차 속에서 전통과 현대가 공존하고 있었다. 업무 환경에서도 약속과 시간에 대한 개념의 차이가 컸다.

이 시기, 고등학교 동창 부부 모임에서 델리, 바라나시, 아그라, 자이푸르를 여행하며 또 다른 시각에서 인도를 바라볼 수 있었다. 바라나시 갠지스강의 힌두교 전통 장례 의식을 목격하며 삶과 죽음이 공존하는 인도인의 세계관을 체험했고, 아그라에서는 타지마할의 압도적인 아름다움에 감탄했다.

2012년부터 2015년까지 사우디아라비아 리야드 프로젝트에 근무할 때의 상황도 UAE 두바이 때와 매우 유사하였다. 사우디아라비아를 포함한 중동의 대부분 나라에는 수백만 명의 인도인 근로자와 엔지니어들이 진출해 있었으며, 이들로 인해 두바이, 아부다비, 샤르자, 리야드, 도하, 바레인 등 중동의 주요 도시는 인도 대도시와 긴밀한 항로가 연결되어 있다. 인도 뭄바이나 델리 등 주요 도시와 중동의 여러 도시를 연결하는 셔틀 항공편은 인도 근로자들의 수송을 위해 시간 단위로 운영될 정도이다.

2013년에는 인도 직영 근로자들을 직접 채용하기 위해, 2차례에 걸쳐 인도 델리, 콜카타, 첸나이, 마두라이 등 여러 도시들을 돌아다녔다. 이때 현지의 인력 채용 업체가 주선한 장소들 대부분이 도시에서 한참 떨어진 외곽의 시골 마을들이어서 인도의 변두리 지방까지 구석구석을 살펴볼 수 있었다.

2015년 12월부터 2020년 2월까지, 두 번째로 인도에서 거주하며 뭄바이 'DAICEC Complex(JIO WORLD)' 프로젝트의 현장소장으로 근무했다. 첫 번째 인도 생활에서 이미 혼돈과 질서를 동시에 경험했지만, 다시 살아보니 익숙함 속에서도 변하지 않는 모습들이 더욱 선명하게 다가왔다.

뭄바이는 여전히 극심한 교통 체증과 소음, 예측할 수 없는 변수들로 가득했다. 농사 시즌, 결혼 시즌, 다양한 축제 등으로 근로자들의 이직률이 심해서 늘 새로운 근로자들 채용과 교육이 반복되었다.

전 세계에서 인구가 가장 많은 나라에서 근로자들의 부족 현상으로 신규 채용을 계속 반복해야 하는 상황은, 참으로 아이러니한 일이었다.

인도의 발전 가능성을 기대했지만, 현실적으로는 개선보다 정체된 느낌이 강했다. 현대화된 도시의 외형과 달리, 근본적인 사회 시스템과 업무 문화는 크게 변화하지 않았고, 미래에 대한 비전도 분명치 않아 보였다.

그러나 이런 환경 속에서도 인도인들은 특유의 낙천적인 태도로 일상을 살아갔다. 불편한 상황에서도 쉽게 좌절하지 않고, 있는 그대로를 받아들이는 유연함이 있었다. 두 번째 인도 생활은 단순한 업무 경험을 넘어, 변화와 정체가 공존하는 인도의 현실을 더욱 깊이 이해하는 시간이 되었다.

2016년 5월에는 인도의 펀자브 주에 위치한 시크교의 성지, 황금 사원이 있는 암리차르를 여행했다. 그곳에서 와가 보더(Wagah Border) 국기 하강식을 관람했는데, 인도와 파키스탄 양국의 군인들이 위엄 넘치는 퍼포먼스를 선보이며 자존심 대결을 펼치는 이 행사에서 가장 인상적인 것은 압도적인 인도의 관중 수였다. 인도 관람석은 이미 파키스탄과 비교할 수 없을 정도로 컸지만, 지속적인 확장 공사가 이루어지고 있어 더 많은 인도인이 이 애국심의 축제를 직접 경험할 수 있도록 하고 있었다. 이는 파키스탄에 대한 인도인들의 우월 의식을 상징적으로 드러내는 또 하나의 표현처럼 보였다.

2017년 3월에는 인도 최북단 카슈미르 지역의 히말라야 절경 속에 있는 굴마르그를 여행했다. 3월임에도 불구하고 허리까지 쌓인 눈이 설원의 장관을 이루었으며, 스리나가르 공항에서는 파키스탄 국경과 가까운 지리적 특성 때문인지 무장한 군인들이 삼엄한 경계를 서고 있었다. 굴마르그로 향하는 길목마다 군수물자를 실은 수송 차량이 오가고, 하얀 야전 상의를 걸친 채 총을 멘 군인들이 곳곳에 배치되어 있어 접경 지역 특유의 긴장감이 감돌았다. 그러나 이와 동시에, 히말라야의 장엄한 설경은 그 어떤 풍경보다도 강렬한 인상을 남겼다.

2025년 5월, 인도에서의 경험을 책으로 정리하는 과정의 일환으로 다시 인도를 찾았다. 특히, 이번 여행은 건축 설계업무를 하는 딸과 함께해 더욱 뜻깊었다. 6년 반 동안 몸담았던 2개 뭄바이 건설 프로젝트의 완공된 모습을 직접 확인하며, 그 주변을 둘러보는 일은 감동적인 순간이었다.

이후 국내선을 타고 델리로 이동해 인도의 수도를 다시 탐방한 뒤, 아그라에서 인도의 대표적 문화유산인 타지마할을 감상하며 그 웅장한 아름다움을 되새겼다. 이 여정은 단순한 여행을 넘어, 인도에서 보낸 시간을 글로 남기기 위한 깊은 성찰과 정리의 여정이기도 했다.

이처럼 두 차례에 걸친 인도 생활과 해외 근무를 통해 그들과 함께 일하고 소통하며, 인도의 문화와 삶의 방식을 깊이 경험할 수 있었다.

업무 환경에서는 끝없는 일정 지연과 예상치 못한 변수들로 인해 좌절할 때도 많았고, 그러한 환경 속에서도 인도인들의 낙천적인 태도는 적응하기 어려웠지만, 오랜 역사와 깊은 철학을 지닌 나라답게, 그들의 사고방식과 삶의 태도에서도 독특함을 발견할 수 있었다.

2천 3백 일 동안 인도에서 살면서, 직접 보고 겪은 인도의 진짜 모습을 기록했던 글과 사진들을 모아서, 한 권의 책으로 담았다.

❧ 목차 ❧

서문 — 4

① 인도 사람들

\# 아리안족 — 16
\# 세계 속의 인도 사람들 — 20
\# 건설 현장의 인도 사람들 — 25
\# 인도 사람들의 얼굴 특성 — 32
\# 불가촉천민 — 37
\# 히즈라(제3의 성별) — 41
\# 카스트 제도 — 45

② 축제의 나라

\# 인도의 축제 — 50
\# '홀리' 축제 — 54
\# '디왈리' 축제 — 57
\# '가네샤' 축제 — 60
\# 인도 결혼식 — 63

③ 신들의 나라

푸자 — 70
생화 꽃 걸이 — 75
힌두교 — 79
자이나교 — 83
불교 — 86
인도 보리수 — 92
시크교 — 96

④ 인도 속 삶의 현장

인도의 영국 식민지 영향 — 102
인도 여성 전통의상 '사리' — 110
인도의 농사철 — 115
인도의 인도(人道) — 118
오토 릭샤 — 123
뭄바이 슬럼가 — 126
인도의 슬럼 이주 정책 — 130
도비 가트 — 136
옥트로이 세(Octroi Tax) — 140
인도 유니언(노동조합) — 143
뭄바이 공공 병원 응급실 — 147

\# 인도 화장실 — *150*

\# 뭄바이 해변 — *153*

\# 나마스테 — *158*

\# 뭄바이 밀크 콜로니(colony) — *161*

\# 뭄바이 재래시장 — *164*

\# 도시락 배달 서비스 — *168*

\# 인도 몬순 — *171*

\# 댕기열 — *176*

⑤ 인도 먹거리

\# 차파티, 난과 커리 — *180*

\# 마살라 — *184*

\# 뭄바이 우물 — *189*

\# 채식 문화 — *192*

\# 인도 커리 — *195*

\# 알폰소 망고 — *200*

\# 마살라 짜이 — *203*

\# 인도 머드크랩 — *207*

\# 빠니(물) — *210*

\# 바라나시 라시 — *213*

\# 홍화씨 후식 — *216*

⑥ 인도 일상의 이모저모

\# 요가 — 220

\# 크리켓 — 223

\# 발리우드 영화 — 227

\# IIT 뭄바이 캠퍼스 — 233

\# 인도 정치 — 237

\# 화폐 개혁 사건 — 242

\# 히말라야 립밤 — 246

\# 인도 복제약 — 248

\# 타지마할 팰리스 호텔 테러 사건 — 250

\# 뭄바이 JIO WORLD — 254

\# 델리 그루가온 신도시 — 259

⑦ 인도 주요 여행지

\# 아그라 타지마할 — 266

\# 암리차르 황금 사원 — 271

\# 마두라이 미낙시 암만 힌두교 사원 — 279

\# 바라나시 갠지스강 — 285

\# 사르나트 녹야원 — 290

\# 스리나가르 굴마르그 — 293

\# 자이푸르 '핑크 시티' — 298

①

인도 사람들

#아리안족

　기원전 2000년경, 중앙아시아의 광활한 스텝 지대에서는 인도유럽어족에 속하는 아리안족이 말을 이용한 기동성과 전차 기술을 바탕으로 본격적인 이동을 시작했다. 이들은 서쪽으로는 유럽, 동쪽으로는 인도 아대륙에 이르기까지 확산하며, 각 지역의 문화와 문명 형성에 지대한 영향을 미쳤다.

　서쪽으로 이동한 아리안족은 흑해 북부와 동유럽 초원을 거쳐 정착하며 슬라브족과 발트족의 민족적 기반을 형성했다. 이후 일부는 알프스 산맥을 넘어 프랑스, 독일, 스페인 지역으로 확산하면서 켈트족과 게르만족으로 분화되었고, 이 과정에서 그리스와 로마 문명의 형성에도 기여했다.

　한편, 동쪽으로 이동한 아리안족은 이란 고원을 지나 힌두쿠시 산맥을 넘어 인도 북서부로 들어왔다.

　기원전 1500년경, 그들은 펀자브와 인더스강 유역에 정착했으며, 이후 갠지스강 유역으로 확산하면서 베다 문명을 발전시켰다. 이들은 산스크리트어를 사용하여 힌두교 경전인 베다를 편찬하며 인도 문명의 근간을 이루었다.

　아리안족의 이러한 대규모 이동은 언어와 문화의 확산에도 중요한 역할을 했다. 이들이 정착한 지역에서는 인도유럽어족에 속하는 언어들이 발전했고, 그리스어, 라틴어, 켈트어, 게르만어, 슬라브어, 산스크리트어와 같은 다양한 언어가 형성되었다. 특히, 산스크리트어는 베다 문명의 중심 언어로 자리 잡았다.

아리인족(族)의 이동 경로

인도에서 생활하면서, 일반적으로 생각하는 인도인의 모습과는 다른 외모적 특징을 지닌 사람들을 발견할 수 있었다. 그들은 피부가 비교적 밝고 코가 오뚝하며, 서구적인 인상을 풍기는 경우가 많다. 특히 북인도 지역에서는 이러한 외모를 가진 사람들을 자주 볼 수 있는데, 이는 역사적으로 중앙아시아에서 유입된 아리안족의 후손으로 여겨진다. 이들은 남인도에 거주하던 드라비다족과 구별되는 신체적 특징

1. 인도 사람들

과 문화를 지니고 있으며, 현재 펀자브, 하리아나, 라자스탄, 우타르프라데시, 델리 등지에서 많이 찾아볼 수 있다.

　북인도인들은 남인도인들보다 키가 크고 체격이 좋은 경우가 많으며, 피부색이 밝아 인도 내에서도 하나의 미적 기준으로 작용하기도 한다. 실제로 인도에서는 피부색이 밝을수록 사회적으로 선호되는 경향이 있으며, 이는 결혼 시장에서도 중요한 요소로 작용한다. 일부 북인도인들은 자신의 기원에 대한 자부심을 가지기도 하지만, 동시에 이것이 차별의 요소가 될 수 있다는 점을 인식하는 사람들도 있다.

아리안계 인도인

인도에서 살면서 자연스럽게 그들의 문화와 생활 방식을 경험할 기회가 많았다.

북인도인들은 활발하고 개방적인 성격을 가진 경우가 많으며, 특히 펀자브 사람들은 유머 감각이 뛰어나고 사교적인 성향이 강하다. 델리와 같은 대도시에서는 전통과 현대적인 생활양식이 공존하며, 젊은 세대들은 서구적인 패션과 문화를 적극적으로 받아들이면서도 가족 중심적인 가치관을 중요하게 여긴다.

또한, 음식 문화에서도 북인도 특유의 특징이 뚜렷하게 나타난다. 북인도 요리는 일반적으로 기름지고 향신료가 강한 편이며, 밀가루(로티, 난) 기반의 주식과 잘 어울리는 육류 요리가 많다. 대표적인 음식으로는 탄두리 치킨, 버터 치킨, 알루 고비(감자와 콜리플라워 볶음), 팔락 파니르(시금치 치즈 커리), 그리고 펀자브 지방에서 유래한 요구르트 음료인 '라씨(lassi)' 등이 있다.

세계 속의 인도 사람들

인도에서 6년 반 동안 살면서, 기회만 있으면 카오스에서의 탈출을 꿈꿨다. 홀리 축제와 디왈리 축제도 첫해는 체험 삼아 인도에서 경험했지만, 다음 해부터는 인도를 벗어나서 유럽 선진국을 찾아 여행했다.

척박한 환경 속에서의 삶에 대한 보상 심리가 작용해서 더욱 그랬지만 덕분에 인도에서 사는 동안, 31개국을 여행했다.

그러나 아이러니하게도 인도를 벗어난 여행지에서도 인도 사람들과 마주치는 일은 피할 수가 없었다. 전 세계 지구인 6명 중 1명이 인도 사람이라는 사실을 간과한 채, 해외 여행지에서만이라도 인도 사람들과 마주치지 않고 싶었지만, 지구촌 어디에서도 그들의 존재감을 드러내고 있었다.

특별히 불편을 준 것도 아닌데 여행지에서 인도 사람들을 만나면 묘한 불편한 감정이 내면에서 스멀스멀 올라왔다. 하지만 이러한 피할 수 없는 경험은 인도가 '세계 어디서든 존재하는 문화권'라는 다른 시선으로 받아들일 수밖에 없게 했고, 단순한 국가가 아닌, 전 세계적으로 퍼져 있는 하나의 '문화 생태계'처럼 느껴졌다.

인도 뭄바이 DAICEC Complex(JIO WORLD) 프로젝트는 60여 명의

한국인 직원 외에도 현지에서 채용한 인도 직원의 수가 500여 명이 넘는 대형 프로젝트였다. 글로벌 기업으로서 좀 더 선진국인 한국 회사에 몸담은 인도인 직원들에게, 각 부서의 리더가 한국인이라는 사실은 일종의 구조적인 전제였다. 위계가 분명한 조직 문화 속에서, 그들은 자연스럽게 리더를 '보스'로 받아들이는 태도를 보였고, 그에 따르는 섬김의 자세도 업무의 연장선으로 이해되곤 했다. 그러나 그것은 단지 외형적인 복종이나 직책에 대한 기계적인 반응만은 아니었다.

2020년 2월 인도 뭄바이 다이섹 현장 직원들

인도라는 사회가 전통적으로 지닌 권위에 대한 존중의 문화는, 이러한 상황적 위계 속에서도 특유의 진지함과 무게감을 더했다. 그들의 '따름'에는 문화적으로 체화된 경외와 신뢰가 함께 녹아 있었고, 보스에 대한 태도는 단순한 업무 수행이 아니라 일종의 인격적 존중으로 확장되었다.

처음엔 어쩔 수 없는 상황으로 시작된 관계였지만, 시간이 흐르며 그들의 시선은 조금씩 달라졌다. 한국인 리더들의 말보다 행동으로 리더십을 보여 주는 모습, 위기 속에서 먼저 책임지는 태도, 그리고 소소한 일상의 배려들이 그들 마음속에 자연스레 전파되기 시작한 것이다. 어느 순간, 그 섬김의 뿌리는 의무가 아닌 자발성으로 옮겨갔고, 이는 그들 나름의 방식으로 표현되는 존경과 믿음이 되었다.

2020년 2월 인도 뭄바이 다이섹 현장 직원들

점차로 인도인 직원들이 보여 주는 존중의 태도는 단지 한국인 리더를 향한 외형적 예의가 아니라, 함께 일한 시간 속에서 형성된 관계의 깊이와 문화적 공감이 어우러진 결과로 다가왔다.

지금도 그들과의 관계는 SNS를 통해 계속 이어지고 있으며, 이는 단순한 직장 동료를 넘어선 인간적 인연으로 자리 잡았다.

인도인들의 업무 방식을 받아들이고 이해하기까지는 상당한 시간이 걸렸고, 그 과정 역시 순탄하지 않았다. 잘못된 일에 대한 책임을 인정하기보다는 온갖 변명과 이유를 갖다 대는 태도가 마음에 들지 않을 때도 있었다. 일의 속도를 중시하는 한국식 업무 스타일과 달리, 인도인들은 여유롭고 때로는 흐릿한 시간 개념으로 인해 업무가 지연되는 경우도 많았다. 이러한 인도인들의 몸에 배어 있는 느긋함이 답답하고 스트레스를 주기도 했지만, 시간이 흐르면서 그들의 시간 감각 이면에 있는 '삶을 우선시하는 태도'를 억지로라도 받아들여야 했다.

인도인들은 일보다 사람 간의 관계, 그리고 삶의 균형을 더 중요하게 생각했다. 이처럼 문화적 차이를 받아들이는 과정은 인도에서 귀국할 때까지도 계속되었다.

인도인들은 북부와 중부 지역에는 역사적으로 중앙아시아에서 이동해 온 아리안족이 주로 거주하며, 남부 지역에는 토착 문화와 언어를 지닌 드라비다족이 생활하고 있다. 언뜻 보기엔 하나의 국가 같지만, 실제로는 수많은 민족과 문화가 섞여 조화를 이루고 있는 사회다.

이런 다양성은 언어에서도 잘 드러난다. 인도는 수백 개의 언어와 방언이 공존하는 나라로, '언어의 정글'이라고 해도 과언이 아니다. 인도인들은 어린 시절부터 다양한 언어를 접하며 자라는데, 힌디어와 영어는 가장 널리 쓰이지만, 지역에 따라 벵골어, 타밀어, 텔루구어 등 수많은 언어가 일상 속에서 사용된다. 각 언어는 고유의 문자 체계를 가지고 있으며, 지역 문화와 깊이 연결되어 있다.

2011년 5월 뭄바이 산제이 간디 국립 공원에서 만난 사람들

이렇듯 언어, 인종, 문화가 어지럽게 얽힌 듯하면서도 조화를 이루는 인도인들은 시간이 지날수록 그 복잡함 속의 생명력과 인간미가 진하게 다가왔다. 인도인들과 보낸 소중한 경험들은 수많은 어려움과 감정이 교차한 시간들이 켜켜이 쌓여 삶의 한 축이 되었다.

때때로 그들을 떠올릴 때면, 그곳 사람들의 따뜻한 눈빛과 느긋한 웃음이 마음을 따뜻하게 감싼다. 인도의 진정한 매력은 결국 그곳을 살아가는 사람들 속에 있었다.

건설 현장의 인도 사람들

　인도에서 경험한 2개의 건설 현장 근로자들의 특성은 매우 독특했다. 세계에서 가장 많은 인구를 보유한 나라라면, 노동력 확보에는 큰 어려움이 없을 거로 생각하지만, 현실은 오히려 반대이다.

　가장 큰 문제는 현장 근로자들의 높은 이직률이다. 인도에서는 다른 나라 건설 현장 이직률에 비해 현저하게 높아서, 매월 10% 이상이 새로운 근로자로 교체될 정도이다. 이는 프로젝트 진행에 있어 상당한 변수를 초래한다.

인도 뭄바이 윌리 현장 근로자들

이직률이 높은 이유는 여러 가지가 있다. 인도의 우기가 시작되거나 농사철이 도래하면, 상당수의 근로자들이 고향으로 돌아가 농사일을 돕기 위해 현장을 떠난다. 건설업이 주요 생계 수단이긴 하지만, 여전히 농업에 대한 의존도가 높은 인도에서는 이러한 현상이 흔하다.

또한, 결혼 시즌이 되면 근로자들이 결혼 준비를 하거나 친척의 결혼식에 참석하기 위해 장기간 휴가를 내거나 아예 일을 그만두는 경우가 많다. 결혼식 참석이 단순한 의례가 아니라 가족과 지역 공동체 내에서 중요한 사회적 의무로 여겨지기 때문에, 이를 막을 방법도 마땅치 않다.

또한 근로자들이 몇 달 치 급여를 손에 쥐게 되면 일을 지속하기보다는 잠시 쉬려는 경향이 강하다. 경제적 여유가 생기면 한동안 일을 그만두고 가족과 시간을 보내거나, 고향에서 지내려는 문화적 특성이 반영된 것이다. 이런 이유로 현장의 노무 관리는 지속적인 도전 과제가 되고, 근로자 유지를 위해 여러 가지 대책이 필요하다.

예를 들어, 일정 기간 근속 시 보너스를 지급하거나, 숙소와 식사 환경을 개선하는 등의 방법이 고려된다. 하지만 이러한 대책에도 불구하고, 근본적으로 인도의 노동 시장이 가진 특성 자체를 바꾸기는 쉽지 않다. 결국, 인도에서의 건설 프로젝트를 성공적으로 수행하기 위해서는 이러한 변수를 고려한 유연한 인력 운용 전략이 필수적이다.

인도의 협력업체 관리자들에게서 가장 당황스러웠던 경험은 시간

개념의 차이이다. 그들이 말하는 시간 단위를 그대로 믿으면 안 된다는 것을 나중에야 알게 되었다. '원 미니트(One minute)'라고 하면 정말로 1분 정도 걸릴 거라 기대하지만, 실제로는 10분이 넘거나 심지어 30분 이상 걸리는 경우가 허다하다.

마찬가지로 '텐 미니트(10 minutes)'라고 하면 최소 30분에서 한 시간은 걸릴 것이라 예상하는 것이 마음 편하다. 더욱 혼란스러운 표현은 '투마로우(Tomorrow)'이다. 직역하면 '내일'이지만, 실제로는 '언젠가'라는 뜻에 가깝다. 당장 내일이라는 의미보다는 '곧'이라는 애매한 뉘앙스를 포함하고 있어서, 한국인의 시간 감각으로는 이해하기 어렵다.

인도 뭄바이 다이섹 현장 근로자들

이러한 시간 개념 차이 때문에 자주 낭패를 보게 된다. 예를 들어, 공사 일정을 확인할 때 '내일 끝날 예정'이라는 말을 곧이곧대로 믿었다가, 며칠이 지나도 여전히 마무리되지 않은 현장을 보며 좌절한 적이 많았다.

결국 '투마로우'라는 말을 듣고 '최소 5일 후'를 예상하는 것이 낫다는 우스갯소리가 나올 정도로 시간 약속을 너무 믿지 않게 되었다.

인도 뭄바이 다이섹 현장 현지 직원들

또한, 약속을 지키지 못했을 때 미안하다고 사과하기보다는 다양한 이유를 덧붙이며 정당화하려는 경우가 대부분이다. 그래서 외국인이 인도에서 비즈니스를 하려면 이러한 문화적 차이의 이해와 함께, '인도식 시간 개념'을 받아들이고, 조급해하지 않는 태도가 필요하다.

2007년부터 4년 동안 UAE 두바이 현장에서는 작업자 대부분이 인도인들이었다. 직영공사였기 때문에 인도 관리자들이 이들 근로자들을 관리하고, 작업자와 관리자 사이를 잇는 중간 리더 역할로 작업 반장들이 필요했다. 이때 선발된 직영 반장들과는 오랜 인연을 맺어 오고 있다.

2020년 2월 인도 뭄바이 다이섹 현장 직영 반장들

두바이 현장에서 4년을 함께한 뒤, 인도 뭄바이 현장에서 이들을 다시 불러들였고, 이후 사우디아라비아에서 4년간 근무할 때에도 이들을 또다시 사우디 현장으로 초청했다. 사우디아라비아 현장이 종료되면서, 인도 뭄바이 다이섹 현장에서 다시 이들을 부르게 되었고, 이렇게 해서 이들과는 2007년부터 2020년까지 총 네 개의 현장에서 함께 일했다.

2025년 5월 인도 직영 반장들

이들과는 SNS를 통해 꾸준히 연락을 주고받고 있으며, 이제는 오랜 친구처럼 편안하고 끈끈한 관계로 지내고 있다.

인도인들은 한 번 '보스'로 모셨던 사람에 대해 깊은 존경심과 충성심을 간직하는 경우가 많다. 그들은 단순히 상사로서가 아니라, 인생의 한 시기를 함께한 '리더'로 기억하고, 그 관계를 오랜 세월이 흘러도 변치 않는 마음으로 이어간다. 자신들이 신뢰했던 리더를 평생의 보스로 여기며 따르는 그들의 문화와 정서는 매우 따뜻하고 인간적이다.

인도 사람들의 얼굴 특성

처음에는 인도 사람들의 얼굴을 구별하는 것은 쉽지 않았다. 마치 유럽인들이 한국인과 일본인, 중국인을 명확히 구별하지 못하고 단순히 동양인으로 이해하는 것처럼, 처음 인도에 왔을 때는 대부분이 까무잡잡한 피부에 비슷한 얼굴로 보였다.

인도 사람들의 다양한 얼굴 모습들

그러나 몇 년을 인도에서 생활하다 보니 개개인의 얼굴 특징이 점점 눈에 들어오기 시작했고, 지역에 따라 인도인들의 얼굴 모양과 피부색이 매우 다양하다는 것도 알게 되었다. 이는 단순한 개인 차이가 아니라, 역사적, 지리적, 기후적 요인들이 복합적으로 작용한 결과로, 인도 대륙의 광대한 영토만큼이나 인종적 다양성도 뚜렷하다.

북인도 지역에서는 아리안족의 유전적 영향이 강하게 남아 있어 비교적 얼굴이 길고 이목구비가 뚜렷한 특징을 보인다. 특히 코가 오똑하고 직선적인 경우가 많으며, 피부색은 밝은 갈색에서 중간 갈색 정도의 톤을 띠는 경우가 일반적이다. 이는 기원전 1500년경 중앙아시아에서 힌두쿠시 산맥을 넘어 인도로 진출한 아리안족이 이 지역에 정착하면서 형성된 인종적 특성이며, 북인도의 여러 민족들은 이들의 후손으로서 현재까지도 그 영향을 강하게 유지하고 있다. 델리, 펀자브, 라자스탄, 우타르프라데시 등 북부 지역에서는 이러한 특징을 가진 사람들이 많으며, 인도 내에서도 상대적으로 피부색이 밝은 편에 속한다.

2017년 3월 파키스탄과 국경을 맞대고 있는 스리나가르(Srinagar) 주의 굴마르그(Gulmarg)를 여행했을 때, 그곳의 주민들은 이전에 인도에서 봐 왔던 사람들과는 확연히 다른 모습을 하고 있었다. 체격이 전반적으로 크고 골격이 장대하며, 얼굴의 윤곽도 훨씬 뚜렷하고 강한 인상을 주었다.

이들의 체형과 외모는 기후와 역사적 배경의 영향을 받은 것으로 보인다. 카슈미르 지역은 오랜 세월 다양한 민족과 문화가 교차한 곳으로, 페르시아, 그리스, 몽골, 중앙아시아계 유목민들의 흔적이 남아 있다. 이러한 유전적 다양성이 주민들의 신체적 특징에도 반영된 듯하다.

인도 북부 굴마르그 주민들

 반면, 남인도 지역으로 내려가면 전혀 다른 얼굴형과 피부색을 가진 사람들이 많다. 남인도인들은 주로 아리안족이 도착하기 이전부터 이 땅에 살던 드라비다족의 후손으로, 얼굴형이 더 둥글고 눈이 크며, 피부색이 북인도인들보다 더 짙은 경향을 보인다.
 특히 타밀나두, 케랄라, 안드라프라데시, 카르나타카 지역에서는 열대 기후의 영향으로 인해 피부색이 어두운 갈색에서 검은색에 가까운 사람들이 많으며, 머리카락 또한 두껍고 짙은 경우가 대부분이다. 이는 강한 태양 아래에서 살아온 오랜 환경적 적응의 결과이며, 기후적 요인이 인종적 특성 형성에 미친 영향을 보여 주는 좋은 예라 할 수 있다.

서인도 지역에서는 북인도와 남인도의 특징이 혼합된 모습이 나타난다. 고온 다습한 기후를 가진 구자라트, 마하라슈트라, 고아 지역에서는 중간 정도의 갈색 피부를 가진 사람들이 많으며, 얼굴형

2011년 5월 남인도 여인들

역시 북인도의 날렵한 특징과 남인도의 둥근 특징이 섞여 나타나기도 한다. 특히 뭄바이와 같은 대도시 지역에서는 오랜 역사 동안 다양한 민족들이 교류하고 혼혈이 이루어져 더욱 다양한 얼굴 특징을 볼 수 있다.

한편, 동인도 지역에서는 티베트-버마계 민족의 영향을 받은 사람들이 많아 동아시아적 특징이 뚜렷하게 나타난다.

네팔, 부탄, 티베트와 가까운 서벵골, 아삼, 나갈랜드,

인도 북동부 아삼 사람들

시킴, 미조람 등의 지역에서는 얼굴이 작고 평평하며, 눈이 상대적으

로 작고 가늘며 피부색은 갈색에서 밝은 갈색까지 다양한 스펙트럼을 보인다. 이는 북부 히말라야 인근 지역의 민족적 특징과 유사하며, 인도의 다른 지역과는 확연히 구별되는 외형적 차이를 형성하고 있다.

이처럼 인도는 단일한 인종적 특성을 가지지 않고 지역마다 뚜렷한 차이를 보이며, 이는 아리안족의 침입, 드라비다족의 정착, 동아시아계 민족과의 교류, 그리고 오랜 세월에 걸친 다양한 기후적, 지리적 요인의 영향을 반영하는 결과라고 할 수 있다.

2012년 3월 뭄바이 해변의 인도 어린이들

그러므로 인도는 단순히 하나의 국가로 이해하는 것이 아니라, 수많은 민족과 문화가 어우러진 거대한 대륙으로 바라봐야 한다.

불가촉천민

인도의 건설 현장에서 인도인 관리자들이나 근로자들을 접하면서 이방인의 관점에서 보면, 카스트 제도에 따른 신분적인 차별을 명확하게 느끼는 일은 쉽지 않다. 겉으로 드러나는 차별적 태도나 언행도 거의 없고, 오히려 서로 간에 평등하게 협력하는 모습을 볼 수 있기 때문이다.

그러나 특이하게도, 현장의 화장실 청소를 담당할 근로자를 구하는 일만큼은 매우 어려웠다. 직영 인력 가운데서도 화장실 청소는 일반 작업자들이 기피하며 쉽게 맡으려 하지 않아서, 결국 별도로 사람을 구해야 한다는 이야기를 들었다. 이는 아직도 인도 사회의 뿌리 깊은 일부 카스트 제도와 관련이 있어 보인다.

과거 '불가촉천민'이라 불렸던 계층이 있었는데, 이들은 극심한 사회적 차별과 배제를 받아왔다. 현재는 모욕적인 '불가촉천민'이라는 표현 대신, '달리트'라는 용어가 사용된다.

이들은 인도의 신분제도인 바르나(Varna)의 네 계급에도 포함되지 않는 제도 밖 계층으로, 역사적으로 사람들로부터 격리되어 살아야 했고, 사회적으로 기피되는 일을 도맡아야 했다.

이들이 전통적으로 맡았던 일은 지역과 역사에 따라 다르지만, 공중 화장실이나 하수구 청소와 같은 공중위생 업무, 시체 처리와 장례 의식, 마을의 폐기물 처리, 가축 관리, 도살 등 사회적으로 '더럽다'고 여겨지는 작업이 대부분이다. 이러한 일들이 특정 계층에만 집중되다 보니, 현대 사회에 이르러서도 일부 직종은 여전히 특정 배경을 가진 이들에게만 맡겨지는 경향이 남아 있다.

건설 현장에서 화장실 청소를 기피하는 분위기 역시 이런 맥락에서 이해될 수 있다.

2012년 1월, 바라나시의 갠지스강에서 경험한 일도 이와 연결된다. 당시 갠지스강 화장터 근처에서 시신을 운반하고 장례 준비를 돕는 사람들을 보았다. 대부분이 불가촉천민 출신이다. 불타는 장

뭄바이 다이섹 현장 가설 화장실 청소

작 사이로 타오르는 연기를 뒤로 한 채, 그들은 묵묵히 장례를 진행하며, 재를 치우는 일을 하고 있었다. 일부는 몇 대째 그 일을 맡아 왔다는 이야기도 들었다. 바라나시에서의 이 경험은 인도의 전통적인 카스트 역할 분담이 지금도 어떻게 사회의 특정 부분에 남아 있는지를 보여 주는 상징적인 장면이다.

2012년 1월 바라나시 갠지스강 화장터 불가촉천민

하지만 현대 인도 사회는 이러한 전통적인 차별을 완화하고자 지속적인 노력을 기울이고 있다. 인도 정부는 불가촉천민과 같은 사회적 소수 계층에 대해 법적 보호를 제공하고, 대학 입학이나 공공기관 취업 시 일정 비율을 할당하는 긍정적 조치를 시행하고 있다. 또한 복지 프로그램과 교육 기회를 확충함으로써 사회적 포용과 평등을 촉진하고, 오랜 차별의 역사를 끊으려는 시도들이 이루어지고 있다.

이러한 변화의 흐름은 인도 헌법의 제정자이자 '불가촉천민의 대변자'로 불리는 '비마 라오 암베드까르'의 활동에서 기초를 찾을 수 있다.

불가촉천민 출신 인도 초대 법무부 장관 암베드까르

그는 불가촉천민으로 태어나 구조적인 차별을 직접 경험했으며, 이후 법률가이자 정치인으로서 평생을 카스트 철폐와 사회 정의를 위한 투쟁에 헌신했다. 암베드까르는 헌법에 평등권과 차별 금지를 명문화함으로써 인도 사회의 근본적 전환을 이끌었고, 오늘날의 긍정적 조치 정책에도 그의 정신이 반영되어 있다.

그럼에도 사회 일부에서의 겉으로 드러나지 않는 차별은 여전히 존재하며, 특히 전통적인 관습과 직업에 얽힌 고정관념은 쉽게 사라지지 않는 듯하다. 암베드까르가 그토록 꿈꾸었던 진정한 평등 사회로 가는 길이 아직도 진행 중임을 시사한다.

히즈라(제3의 성별)

 뭄바이에서 출퇴근하면서 네거리의 신호에 걸려 차를 멈추고 기다리게 될 때, 늘 몇 가지 부류의 사람들이 차로 다가와 창문을 두드리면서 구걸을 한다. 어린아이들, 장애를 가진 사람들, 그리고 히즈라(Hijra)라고 불리는 성 소수자들이다.

 그중에서 히즈라들은 빨간 립스틱을 입술에 바르고, 화려한 화장과 여성의 의상을 입고, 몸짓도 여성처럼 우아한 자태를 보이려 하는 모습이 여성처럼 보이지만, 어색한 미소로 다가와 차량 유리창 문을 두드리면서 구걸하는 모습을 창 너머로 아주 가까이 보게 되면 섬뜩 놀라게 된다. 얼굴 화장과 의상은 여성이지만 체구와 얼굴에서 풍기는 전체적인 분위기는 남성에 가깝기 때문이다.

 인도에서는 이들을 '히즈라'라고 부르며 제3의 성을 가진 성 소수자들이다. 인도에는 약 4백만 명의 히즈라가 있다고 하며, 2014년 인도 대법원에서 히즈라를 '제3의 성'으로 공식 인정했다.

 히즈라들은 특별한 과정을 거쳐 사회에서 인식되고 자신의 정체성을 구축한다. 히즈라로 변환하려는 개인들은 상징적인 의식적 행사를 거치면서 이전 성별을 탈피하고 새로운 히즈라 신분으로 출발하게 된다. 일부 히즈라들은 신분을 강조하는 일환으로 남성의 성기를 제거하는 특별한 수술을 선택함으로써 자신의 외부 성별 특성을 변경한다.

히즈라로 변한 개인들은 보통 히즈라 커뮤니티에 소속되며, 커뮤니티 내에서 특별한 역할과 책임을 맡게 된다. 이러한 수용은 본인의 신분을 확인하고 히즈라로서의 생활을 시작하는 중요한 과정이 된다.

히즈라

이러한 히즈라 커뮤니티는 다양한 사회적 행사와 모임을 통해 연결되고 네트워킹을 구축하면서 히즈라들이 서로를 지지하며 사회적 지위를 향상시키는 데 도움이 되고 있다.

히즈라들은 종종 사회적 역할을 맡거나 특정 직업을 선택하여 생계를 유지하는데 그들 중 일부는 결혼이나 출산 같은 행사에서 공연을 하고, 거기서 받은 대가로 생계를 꾸려 나간다.

본래 히즈라는 양성성을 지닌 힌두신의 인격체로 대우받으며, 결혼식이나 아기 탄생 등 전통적인 축하 행사에 참여해 축복을 내리는 역할을 담당했다. 그러나 18세기 이래 영국 식민 지배와 인도의 서구화 바람을 거치면서 그 사회적 지위가 크게 추락했다. 현재 인도의 히즈라들은 대부분 구걸과 매춘 등으로 생계를 이어 가고 있는데 에이즈 감염에 무방비 상태에 노출되어 있어, 사회문제가 되기도 한다.

히즈라

인간이 오직 두 가지의 성, 즉 남성과 여성만으로 분류될 수 있다는 견해를 흔드는 이분화된 성 체계에 속하지 않는 외모상 '여장 남자'로 보이는 '히즈라'는 인도뿐만이 아니라 방글라데시에서도 흔하게 볼 수 있다.

히즈라의 기원은 고대 힌두 신화와 여러 문서에 자주 등장한다. 베다 서적에서 히즈라는 '제3의 성별' 또는 남녀 간의 성적 결합에 참여하지 않는 시민으로 인식된다. 베다 서적은 히즈라를 다른 남성 또는 여성과 동일한 권리를 가진 보통의 사람들로 인정했다. 그들은 자신들의 희망 성별로 어떤 성과도 어울릴 수 있는 트랜스젠더의 생물학적 유동성을 인정한다.

생식력 없는 존재가 남아 탄생과 신혼부부를 대상으로 생산성 충만을 위한 강복 의례를 수행한다는 역설적인 문화적 역할이 히즈라에 의해 수행된다.

히즈라의 성애 포기는 타인에 대한 생산성을 내릴 수 있는 기세자(棄世者)의 힘과 창조적인 금욕주의를 실천하는 긍정적 이미지를 획득할 수 있었지만, 현실적으로는 거리에서 일반인으로부터 놀림을 당하고, 경찰 같은 공권력으로부터도 신체적, 성적 폭력을 당하는 일도 빈번하다.

카스트 제도

카스트 제도는 수천 년 동안 인도인의 생활과 사고방식에 깊이 뿌리내려 온 사회적 계급 구조로, 법적으로 금지되었음에도 불구하고 여전히 많은 인도인의 일상과 사회적 관계에 영향을 미치는 중요한 요소다. 이는 단순한 신분제도가 아니라 종교, 문화, 경제 등 여러 측면에서 인도의 사회 질서를 형성해 온 체계로 작용해 왔다.

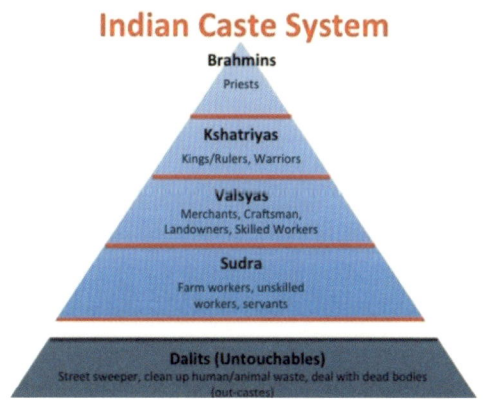

인도의 카스트 제도

카스트 제도의 기원에 대해서는 여러 설이 있지만, 일반적으로는 아리안족이 인도를 정복한 후 자신들의 지배권을 유지하기 위해 만든 사회적 구분에서 시작된 것으로 알려져 있다. 아리안족은 원주민과의 혼합을 막기 위해 피부색과 직업에 따라 계급을 나누었으며, 이러한 분류는 점차 고착화되어 후대로 이어지면서 더욱 엄격한 규칙을 갖추게 되었다.

초기에는 비교적 유동적인 체계였지만, 시간이 지나면서 카스트 간의 결혼이나 직업 이동이 철저히 금지되는 등 점점 더 경직된 사회 규범으로 자리 잡았다. 카스트는 크게 네 가지 주요 계급으로 나뉜다.

브라만(Brahman)은 사제 계급으로, 힌두교의 종교의식을 주관하고 철학과 학문을 담당하는 역할을 맡았다. 인도 사회에서 가장 높은 계급으로 여겨지며, 전통적으로 교육과 정신적 지도력을 독점해 왔다.

크샤트리아(Kshatriya)는 왕족, 군인 및 통치 계급으로, 전쟁과 정치적 통치를 담당했다. 역사적으로 여러 왕국과 제국의 통치자들은 대부분 크샤트리아 계급 출신이었다.

바이샤(Vaisya)는 상인, 농민 및 수공업자로 구성된 계급으로, 경제 활동을 담당하며 시장과 생산을 운영하는 역할을 했다.

수드라(Shudra)는 가장 낮은 계급으로 간주되었으며, 주로 육체노동을 담당하는 사람들이 속했다. 이들은 상위 계급을 섬기며 힘든 노동을 담당해야 했다.

이 네 가지 계급 외에도 사회적으로 가장 낮은 위치에 놓인 달리트(Dalit) 또는 불가촉천민(untouchable) 계층이 존재한다. 이들은 전통적으로 불결한 일로 간주되는 시체 처리, 가죽 세공, 하수도 청소 등의 직업을 맡았으며, 심각한 차별을 받아왔다. 불가촉천민들은 오랫동안 신성한 장소에 들어갈 수도 없었고, 상위 카스트와 같은 공간을 공유하는 것조차 허용되지 않는 경우가 많았다. 이러한 차별은 현대에도 일부 농촌 지역에서 여전히 남아 있다.

카스트 제도가 인도 사회에서 유지될 수 있었던 가장 큰 이유 중 하나는 힌두교의 영향이다. 힌두교의 경전인 '베다'법전에서는 인간이 각자의 계급에 따라 태어나며, 이는 전생의 업보(카르마)와 관련이 있다고 설명한다. 따라서 개인의 사회적 위치는 운명적으로 결정되며, 이를 받아들이는 것이 곧 종교적 수행이자 덕목으로 여겨졌다. 이러한 믿음은 카스트 제도를 더욱 공고히 하는 역할을 했다.

그러나 20세기 이후, 특히 인도가 1947년 독립한 후 카스트 제도를 철폐하려는 많은 노력이 있었다. 독립 인도의 초대 법무장관이자 헌법을 기초한 '암베드카르'는 불가촉천민 출신으로, 카스트 차별을 철폐하는 데 중요한 역할을 했다.

인도 헌법은 카스트에 의한 차별을 금지하였고, 불가촉천민들을 위한 예약제를 도입하여, 교육과 공공기관 취업에서 일정 비율을 할당하도록 하였다. 이러한 정책 덕분에 많은 불가촉천민 출신들이 교육을 받고, 사회적 지위를 상승시킬 수 있는 기회를 얻었다. 인도의 대통령을 지낸 '람 나트 코빈드' 역시 불가촉천민 출신으로, 이는 사회적 변화의 한 예라고 할 수 있다.

그러나 현실적으로는 여전히 카스트 제도의 잔재가 남아 있으며, 특히 농촌 지역에서는 카스트 기반의 차별이 여전하다. 많은 직업과 결혼이 카스트에 의해 제한되며, 낮은 계급 출신들은 교육과 취업에서 불리한 위치에 놓이는 경우가 많다. 또한 카스트 문제를 정치적으로 이용하는 경우도 많아, 선거철이 되면 특정 카스트 그룹을 기반으로 하는 정당들이 활발하게 활동한다.

카스트 제도는 수천 년 동안 인도 사회를 조직하고 유지하는 역할을 해 왔지만, 동시에 사회 발전을 저해하는 요소로 작용하기도 한다. 최근에는 도시화와 교육의 확산으로 인해 젊은 세대 사이에서 점차 그 영향력이 줄어들고 있지만, 사회 전반에 깊숙이 뿌리내린 관습이기에 완전히 사라지기까지는 오랜 시간이 걸릴 것으로 보인다. 카스트 제도의 완전한 철폐를 위해서는 법적 개혁뿐만 아니라 사회적 인식 변화와 경제적 기회 제공이 함께 이루어져야 할 것이다.

2

축제의 나라

인도의 축제

인도는 '축제의 나라'라고 불릴 만큼 1년 내내 다양한 축제가 열리는 곳이다. 인도 사람들이 가장 좋아하는 세 가지로 영화, 결혼식, 그리고 축제를 꼽을 정도로 축제는 그들의 삶과 밀착되어 있다.

여행자들은 인도를 방문하는 동안 의도하지 않아도 언제든지 축제를 경험할 수 있으며, 길을 걷다 보면 화려한 결혼식 장면도 쉽게 마주칠 수 있다.

특히 인도의 축제는 대부분 종교와 깊이 연관되어 있으며, 힌두교, 이슬람교, 시크교, 불교, 자이나교 등 다양한 종교가 공존하는 나라답게 축제의 종류도 상상을 초월할 정도로 많고, 지역별로도 그 색채가 다르다.

또한, 축제는 단순히 특정 종교인들만의 행사가 아니라 지역사회 전체가 함께 어울려 즐기는 문화적 이벤트이기도 하다. 대도시에서부터 작은 마을까지 크고 작은 축제들이 열리며, 이러한 축제들은 종교적 의식뿐만 아니라 가족과 공동체의 유대감을 강화하는 중요한 역할을 한다.

계절의 변화나 농경 주기를 기념하는 축제도 많으며, 신들의 전설을 기리거나 선과 악의 싸움에서 선이 승리한 이야기를 재현하는 행사도 자주 볼 수 있다.

 축제 기간에는 거리와 시장이 화려한 조명과 장식으로 빛나고, 사람들은 화려한 전통의상을 차려입으며, 음악과 춤, 연극, 불꽃놀이가 이어지는 등 모든 공간이 축제의 장으로 변한다. 인도의 축제는 단순한 볼거리가 아니라 인도의 정신과 문화를 가장 잘 반영하는 순간으로, 이러한 축제를 직접 경험하는 것은 인도인의 삶을 이해하는 최고의 방법 중 하나다.

인도 디왈리 축제 불꽃놀이

 이처럼 인도에서는 크고 작은 축제가 워낙 많아 일상생활뿐만 아니라 다양한 산업 분야에도 영향을 미친다.

 특히 건설 현장에서는 축제 기간 동안 대규모 인력 이탈이 발생하는 것이 가장 큰 변수로 작용한다. 힌두교 최대 명절인 디왈리나 홀리 축제 기간에는 수많은 노동자들이 고향으로 돌아가기 때문에 한동안 정상적인 공정 진행이 어려워질 수밖에 없다.

또한, 일부 축제는 특정 지역 전체가 축제 분위기에 휩싸이며 여러 날 동안 공공기관과 기업이 사실상 업무를 중단하는 경우도 있어, 외국인들에게는 예상하지 못한 변수가 될 수도 있다.

하지만 이러한 축제 문화는 인도에서 오랜 시간 유지되어 온 전통이기 때문에, 현명한 공정 관리를 위해서는 이를 고려한 철저한 대비가 필수적이다.

인도 축제의 종류

많은 건설 프로젝트에서는 인도의 연간 주요 축제 일정을 미리 반영하여 공정 계획을 수립하며, 축제 전후에는 주요 공정 진행을 최소화하거나, 축제 전에 중요한 작업을 마무리하는 방식으로 대처한다. 또한, 축제 기간에 고향을 방문하는 노동자들의 복귀를 고려하여 추가적인 대체 인력을 사전에 확보하는 등 인력 운영 계획을 유연하게 조정하는 것이 일반적이다. 대형 프로젝트에서는 디왈리나 홀리 등 주요 명절 전후로 공사를 쉬도록 스케줄을 조정하는 경우도 많으며, 자재 공급 문제를 대비해 축제 전에 필요한 물량을 미리 확보해 두는 방식도 효과적으로 활용된다.

결국, 인도의 잦은 축제 문화는 건설 프로젝트 운영에 있어 도전 과제가 될 수도 있지만, 이를 미리 예측하고 전략적으로 대비한다면 오히려 효율적인 공정 관리가 가능하다.

#'홀리' 축제

홀리(Holi)는 인도의 대표적인 힌두교 축제로, '색의 축제'로도 불린다. 이 축제는 악(惡)을 물리치고 선(善)이 승리하는 것을 기념하는 의미를 담고 있으며, 특히 힌두 신화 속 '프라흘라드'와 '홀리카'의 이야기와 깊이 연관이 있다.

홀리 축제

또한, 홀리는 봄의 시작을 알리는 축제이기도 하다. 인도 전역에서는 전날 밤에 '홀리카 다한'이라는 의식을 치르며 악을 태우는 상징적인 불을 피운다. 그리고 다음 날이 되면 거리마다 형형색색의 가루를 뿌리며 서로의 행복과 화합을 기원한다.

처음 홀리 축제를 경험했을 때는 그야말로 압도당하는 기분이었다. 아침부터 거리 곳곳에서 음악이 울려 퍼지고, 동네 아이들은 물론 어른들까지 손에 색 가루를 가득 쥔 채 골목 어귀에서 장난스럽게 숨어있었다. 평소보다 한산한 도로 위에는 이미 색색의 물웅덩이가 만들어져 있었고, 지나가는 오토바이와 차량들마저 알록달록한 색 가루에 뒤덮여 축제의 일부가 되어 있었다. '해피 홀리!'를 외치며 서로에게 다가와 마치 추운 나라에서 눈싸움을 하듯 얼굴과 옷에 색 가루를 뿌리기 시작한다.

거리 곳곳에서 서로에게 색 가루를 던지고 물총을 쏘며 장난치는 모습은 마치 온 마을 사람들이 천진난만한 아이가 된 듯하다. 공중으로 뿌려진 색 가루가 몰래 섞이며 거리는 마치 거대한 추상화처럼 변해간다.

축제의 열기는 음악이 울려 퍼지면서 더욱 고조된다. 인도 전통 음악과 전자음악이 섞인 신나는 리듬이 울려 퍼지면 사람들은 거리 한복판에서 춤을 추기 시작한다. 축제의 분위기는 시간이 흐를수록 더욱 뜨거워지면서 사람들은 점점 더 형형색색으로 물들고, 결국 서로를 알아볼 수 없을 정도로 온몸이 색으로 덮인다. 마치 세상에 존재하는 모든 경계가 사라진 듯한 기분이다.

이렇게 강렬한 홀리 축제 경험을 한 후, 다음 해부터는 매년 돌아오는 홀리 연휴 기간에 맞춰 인도 밖의 해외여행을 떠나기 시작했다. 주말 휴일과 연차를 하루 이틀 더해 전혀 다른 분위기의 유럽 도시와 자연을 즐기며 색다른 시간을 보냈다. 이런 축제의 열기를 피해 오히려 조용한 곳에서 여유를 즐기는 것이 또 다른 인도 생활의 루틴이 되었다.

물론, 인도에서 경험한 홀리는 낯선 이들과 함께 웃고, 어깨를 부딪치며 거리 위를 형형색색으로 물들였던 색가루 축제의 순간으로, 마치 시간 속을 흩날리던 꽃잎처럼 선명하고 생생한 기억으로 마음속에 오래도록 남아 있다.

#'디왈리' 축제

디왈리(Diwali)는 인도의 가장 큰 전통 축제 중 하나로, '빛의 축제'라고도 불린다. 힌두 달력으로 여덟 번째 달인 '까르띠까' 월의 달이 보이지 않는 날(신월)을 중심으로 5일간 집과 사원 등을 밝히며 행해진다.

디왈리 축제

이는 매년 10~11월경에 해당하며, '홀리' 축제, '두세라' 축제와 함께 북인도 지역을 중심으로 가장 대표적인 3대 힌두 축제로 꼽힌다.

디왈리는 '라마야나' 서사시에 등장하는 왕자 '라마'가 악마왕 '라바나'를 물리친 후 '아유디야'로 귀환한 날을 기념하는 축제이자, 부와 번영의 여신 '락슈미'를 숭배하는 날로도 여겨진다.

인도 전역에서 성대하게 열리지만, 지역별로 숭배하는 신이 달라 각기 다른 의식이 행해진다. 그러나 공통적으로 모든 가정과 사원이 등불과 촛불로 환하게 장식되며, 이는 어둠 속에서도 밝은 미래와 행운을 기원하는 의미를 지닌다. 인도인들은 빛을 많이 밝힐수록 더 큰 행운이 찾아온다고 믿어, 집 안팎을 꾸미고 폭죽을 터뜨리며 축제를 즐긴다.

디왈리 축제 꽃장식과 촛불

처음 디왈리를 경험했을 때는 인도의 축제 분위기에 흠뻑 빠졌다. 거리 곳곳에 알록달록한 '랑골리' 꽃장식이 그려지고, 상점과 가정집에는 반짝이는 조명이 걸렸다. 밤이 되면 도시는 폭죽과 불꽃놀이로 뒤덮였고, 집집마다 경쟁하듯 폭죽을 터뜨려 도로 곳곳이 마치 전쟁터처럼 느껴질 정도였고, 계속되는 폭죽 터지는 소리에 잠을 설칠 정도였다. 밤하늘을 수놓은 불꽃과 함께 온 도시는 황금빛으로 물들었고, 사람들은 가족과 함께 새로운 희망을 기원하며 축제를 즐겼다.

하지만 홀리 축제 때와 마찬가지로 첫해 디왈리를 직접 경험한 후, 다음 해부터는 이 긴 연휴를 활용해 유럽 여행을 떠났다. 인도에서 근무했던 6년 반 동안 가장 반가운 축제가 바로 이 디왈리 축제였다. 5일 동안의 연휴는 주말과 연결하면 1주일 이상의 긴 연휴가 되었고, 이를 활용해 거의 매년 해외여행을 떠날 수 있었다.

인도 내 주요 도시들은 디왈리 축제 기간 동안 인파로 붐비고, 밤새 이어지는 폭죽 소음이 익숙해지기보다는 오히려 부담스럽게 느껴졌기 때문이다.

그럼에도 인도에서 경험한 디왈리 축제는 엄청난 폭죽 소리와 함께 도시 전체가 빛으로 가득 차고, 온갖 정성으로 예쁘게 수놓은 랑골리 꽃장식 앞에서 모두가 희망을 기원하는 모습들은 축제가 끝난 후에도 마음속에 오랫동안 기억되고 있다.

#'가네샤' 축제

인도에 도착했을 때 문화적으로 가장 놀라웠던 것은 거리의 인파나 복잡한 교통보다 오히려, 아파트 입구 현관에 놓여 있던 코끼리 신상이었다. 사람의 형상을 한 일반적인 신상과 달리 코끼리 머리를 한 신상이 입구에 자리하고 있는 모습이 처음에는 매우 생소하고 낯설게 다가왔다. 하지만 매일 보다 보니 점차 익숙해졌고, 나중에는 자연스럽게 받아들이게 되었다.

뭄바이에서는 대부분의 아파트 현관뿐만 아니라, 거의 모든 집 안에서 코끼리 신상을 볼 수 있다. 이 코끼리 신은 '가네샤'라 불리며, 지혜와 행운의 신으로 숭배받는다. 힌두교에서 중요한 신 중 하나로, 학문과 상업의 성공을 가져다주며 갖가지 장애를 제거해 준다고 믿어진다. 가네샤는 힌두교의 세 주요 신 중 하나인 '시바'와 그의 아내 '파르바티' 사이에서 태어난 아들로, '시바'의 자녀들 중에서도 가장 널리 알려져 있고, 특히 인도 전역에서 가장 인기 있는 신 중 하나다.

가네샤는 카스트와 지역을 가리지 않고 인도 전역에서 숭배받으며, 모든 종파에서 높은 위치를 차지하고 있다. 특히 8월 말에서 9월 초에 열리는 '가네샤 차투르티' 축제는 인도 전역에서 성대하게 개최되며, 서인도 지역, 특히 뭄바이에서는 더욱 화려하고 규모가 크다. 이 축제는 원래 가족 단위로 조용히 치러지던 행사였으나, 영국 식민지 시절 독립운동의 일환으로 전국적인 대중 축제로 확대되었다. 당시 인도인들은 가네샤 신을 통해 계급과 종교를 초월한 단결을 도모했으며, 이로 인해 가네샤 축제는 점점 더 성대하게 발전했다.

뭄바이 가네샤 축제 퍼레이드

축제 기간 동안 뭄바이의 거리는 화려한 장식과 가네샤 신상으로 가득 찬다. 인도 최대의 힌두교 축제 중 하나인 '가네샤 차투르티'를 위해, 뭄바이의 장인들은 1년 내내 가네샤 신상을 제작한다. 대부분 석고로 만들어지며, 손바닥 크기의 작은 것부터 높이가 몇 미터에 이르는 거대한 신상까지 다양한 크기의 신상이 만들어진다.

가네샤 축제의 절정은 거대한 가네샤 신상을 모시고 행렬을 이루어 거리를 행진하는 퍼레이드이다. 이 퍼레이드는 수천 명의 신도들과 함께 북소리와 전통 음악이 어우러지며, 축제 분위기를 더욱 뜨겁게 만든다. 축제의 마지막 날, 가네샤 신상은 '비사르잔'이라 불리는 의식을 통해 강이나 바다에 잠기게 된다. 이는 가네샤가 신의 세계로 돌아간다는 의미를 가지며, 신상이 물에 녹아 자연으로 돌아가는 과정이기도 하다.

하지만 해마다 엄청난 수의 가네샤 신상이 바다로 흘러 들어가면서 환경오염에 대한 우려도 커지고 있다. 전통적으로는 점토로 만들어진 신상이 자연적으로 분해되었지만, 현대에는 보다 화려한 장식을 위해 플라스터 석고나 화학 물질이 사용되면서 해양 오염 문제가 심각해지고 있다. 실제로 뭄바이 근교의 해변으로 나가 보면 축제 후 밀려온 각종 쓰레기가 해안가를 뒤덮고 있는 광경을 쉽게 목격할 수 있다. 이에 따라 최근에는 친환경 점토를 사용한 신상을 만들거나, 물에 녹지 않는 신상을 재사용하는 방식으로 환경을 보호하려는 움직임도 나타나고 있다.

가네샤 차투르티는 단순한 종교 행사에 그치지 않고, 힌두교 신자들에게는 삶의 장애를 극복하고 새 출발을 다짐하는 중요한 의식이자, 지역사회가 하나로 뭉치는 특별한 축제다. 인도에서 생활하는 동안, 매년 이 시기가 되면 거리를 가득 메운 거대한 가네샤 신상과 축제의 열기에 압도되곤 했으며, 축제가 끝난 후 바다로 향하는 긴 행렬을 바라보며 이 축제가 인도인들에게 얼마나 중요한 의미를 가지는지 다시금 실감하곤 했다.

인도 결혼식

인도 뭄바이에서의 두 번째 현장은 '무게시 암바니' 회장의 개인 프로젝트에 가깝다. 삼성물산은 2014년 3월, 아시아 제1의 부호 인도 '무케시 암바니' 회장이 발주한 6억 8천만 불 규모의 인도 뭄바이 소재 'JIO WORLD' 프로젝트를 계약하였고, 발주처에 의한 용도 및 규모 변경으로 공사 금액이 8억 불이 넘게 되었다.

2019년 3월 아카시 암바니 결혼식

2015년 12월부터 이 프로젝트에 현장소장으로 재임 중에 세기의 결혼식으로 알려진 무게시 암바니 회장의 장남 '아카시 암바니'의 결혼식을 준비해서 성공적으로 마쳤고, 덕분에 인도의 최고 부호의 결혼식 준비와 결혼식 과정을 가장 가까운 곳에서 직접 경험할 수 있었다.

이 결혼식은 2019년 3월 9일에 거행되었다. 발주처의 요구에 따라 삼성물산은 결혼식을 위한 중간 마일스톤으로 외부의 대형 분수, 2천석 극장, Exhibition Hall, Banquet Hall, Lower Concourse, Upper Concourse 등을 완료해서 '세기의 결혼식'을 위한 공간으로 제공했다.

발주처에서는 내부 마감공사까지 모두 완료된 이들 공간을 인수하였고, 추가로 결혼식 행사 전문 업체를 동원하여 형형색색의 꽃들과 조형물 등을 추가로 설치해서 초호화 결혼식장으로 장식하였다.

삼성물산 측에서도 결혼식 행사를 지원하기 위해 본사에서 MEP 전문가 수십여 명이 결혼식 한 달 前부터 출장 지원을 나와서 현장 팀원들과 함께 주야로 24시간 대기하면서 행사 중에 단전, 누수, 화재, 가시설의 붕괴 등의 비상 상황이 발생하지 않도록 대비하였다.

이 결혼식에는 그룹 이재용 회장이 초대되었고, 삼성물산의 CEO도 세기의 결혼식 준비 단계를 점검하기 위해 2차례나 현장을 사전에 방문했다. 영국의 토니블레어 전 총리, 반기문 전 유엔사무총장, 구글 CEO, 마이크로소프트 CEO, 코카콜라 CEO 등의 재계, 인도 정치, 경제, 연예계의 VIP 등 2만 5천여 명의 하객들이 초대되어, 첫날의 결혼식 행사와 5일 동안의 야외 분수쇼, 극장 스페셜 공연과 식음 서비스까지 제공되는 피로연으로 이어졌다.

2019년 3월 '아카시 암바니' 결혼식 피로연 연회장

    결혼식 오래전부터 수많은 인원이 동원되어 엄청난 분량의 생화(生花)를 반입하여 꽃들이 오래 버틸 수 있는 고깔 모양의 물이 담긴 깔대기에 줄기를 꽂아 벽에 설치하는 모습들, 러시아에서 초대해 온 무용수들이 인도 무용수들과 호흡을 맞추면서 분수 쇼와 인도 음악에 맞춰 리허설을 하는 모습들, 세계 유명 분수쇼 제작팀, 극장 운영팀이 등이 동원된 모습들은 한 개인의 결혼식으로는 믿기지 않을 정도로 지나치다는 생각이 들었다.

    함께 했던 현장 팀원들과 삼성물산 본사 전문가들의 지원 덕분에 사소한 해프닝도 없이 '세기의 결혼식'이라 불린 초대형 행사가 잘 마무리 되어, 현장소장으로서 감사의 마음과 보람을 느낄 수 있었다.

    이처럼 인도 사람들은 결혼식을 준비하면서, 자신들의 부와 명성을 맘껏 자랑하고 뽐내는 기회로 여긴다. 빈부 격차를 가리지 않고, 대부분의 인도 사람들은 결혼식을 위해 가진 것을 총동원해서 최고로 호화

2019년 3월 '아카시 암바니' 결혼식장 인테리어 준비

롭게 결혼식을 치른다.

　특이한 것은, 예나 지금이나 인도에서의 결혼은 95% 이상이 중매로 결혼하는 풍속을 유지하고 있다.

　인도의 결혼은 기본적으로 종교적 행사로 여겨지며 딸을 시집보내는 것은 비슈누 신에게 딸을 바치는 것과 같은 의미를 갖기 때문에 결혼식 과정은 종교 의례에 가깝다.

　본격적인 결혼식은 신랑 친척들이 악대를 대동하고 춤을 추며 흰 말을 탄 신랑과 함께 결혼식장에 들어서는 것으로 시작된다. 결혼식은 화톳불로 상징되는 '아그니신'을 증인으로 모신 자리에서 힌두교 성전인 베다 성구를 읊는 가운데 거행된다. 신랑과 신부는 옷자락을 서로 묶어 하나가 되었음을 공표하고 화톳불 주변을 네 번 돌면서 사랑과 부, 덕행, 영혼의 안식을 기원한다. 이어 신랑은 신부에게 금과 검은

구슬로 된 '망갈수뜨라'(결혼 목걸이)를 걸어 주고 신부의 머리에 붉은 '신두르'를 찍어 결혼한 여성임을 표시한다. 친척들이 새로 탄생한 부부에게 꽃을 뿌려 축복해 주는 것으로 결혼식은 끝난다.

③ 신들의 나라

푸자

푸자는 힌두교에서 신에게 경배하고 축복을 기원하는 의식이다. 푸자는 인도에서 다양한 상황에서 행해지는 중요한 종교의식으로, 가정, 사원, 공공장소 등 여러 환경에서 수행된다. 개인적 또는 공동체적 목적에 따라 행해질 수 있으며, 이를 통해 신과 인간이 소통한다고 믿는다.

2012년 2월 뭄바이 월리 푸자에 참석한 마을 사람들

가정에서의 푸자는 보통 매일 아침과 저녁에 가족들이 신단(altar) 앞에서 수행하며, 향을 피우고 꽃과 음식을 바친다.

사원에서의 푸자는 사제인 '푸자리'가 주관하며, 신상에 성수를 뿌리고 찬송을 올리는 등의 절차를 따른다.

또한 디왈리, 나브라트리 등의 대규모 축제에서는 사원과 공공장소에서 수백 명이 참여하는 푸자가 진행된다.

인생의 주요 이벤트가 되는 출생, 결혼, 새집 입주, 사업 시작 등의 특별한 순간에도 신의 축복을 기원하는 푸자가 열린다.

푸자는 건축 공사를 시작하기 전에도 중요한 역할을 한다. 인도에서

인도 뭄바이 윌리 현장 착공 시 안전과 성공을 위한 푸자

인도 뭄바이 월리 현장 골조 공사 착공 푸자

는 건축 공사를 시작할 때 신의 가호를 받기 위해 푸자를 올리는 것이 일반적이며, 이는 공사가 안전하게 진행되고 성공적으로 완료될 수 있도록 기원하는 의미이다.

대만 타이페이 101 타워에 근무할 때, 발주처 사람들이 매월 삭망제(朔望祭)에 향을 피우고, 음식을 차려 놓고, 현장의 안전을 기원하던 의식인 '바이바이(拜拜)'를 했던 것처럼 인도에서도 '푸자'를 올리는 의식을 치른다.

보통 외부에서 사제(푸자리)를 초대하여 의식을 주관하게 하며, 의식의 주요 요소 중 하나로 코코넛을 돌에 부딪쳐 깨는 행위가 포함된다.

2012년 1월 바라나시 갠지스강 아르티 푸자

이는 장애물을 제거하고 길운을 불러온다는 의미이며, 이와 함께 참가자들은 이마에 붉은 가루(틸락)를 발라 신성한 보호를 받는다.

이러한 공사 시작 전 푸자는 건축과 관련된 신인 '비슈와카르마'에게 기원하게 된다. 의식에는 향, 꽃, 프라사드(신에게 바친 후 나누어 먹는 음식) 등이 사용되며, 람프(디야)를 밝히고 만트라를 암송하는 과정이 포함된다.

일반적인 푸자의 절차로는 먼저 참가자와 장소를 정화한 후 신상 앞에 공물을 바치고, 만트라를 낭송하며 신에게 경배를 드린다. 이후 아르티(Aarti)라고 불리는 불꽃을 이용한 의식을 수행하며, 마지막으로 신의 축복을 받기 위해 붉은 가루를 이마에 바르고 성수를 마시거나 몸에 뿌린다.

　이러한 인도의 푸자는 한국에서 어린 시절 시골에서 보았던 삼신할머니께 정성을 올리던 모습과도 유사하다. 볏짚을 가지런히 깔아 놓고, 그 위에 정한수와 흰 쌀밥을 올리며 가족의 안녕과 건강을 기원하던 모습은 인도의 푸자에서 신에게 공물을 바치며 축복을 기원하는 모습과 닮아 있다.
　삼신할머니 신앙이 출산과 가정의 번영을 기원하는 것처럼, 인도의 푸자도 특정 신에게 소원을 빌고 신성한 에너지를 얻고자 하는 목적을 가진다. 두 문화 모두 신에게 예를 갖추고 공물을 바치는 방식으로 신과의 연결을 추구한다는 점에서 공통점을 가지며, 인간이 보이지 않는 신성한 존재에게 기원을 드리는 방식이 서로 다른 문화에서도 유사하게 나타난다는 점이 흥미롭다.

생화 꽃 걸이

인도에서 생화 꽃 걸이는 단순한 장식품을 넘어 문화와 전통을 상징하는 중요한 요소로 자리 잡고 있다. 신에게 바치는 공양물로 사용되기도 하고, 축제나 결혼식, 특별한 의식을 더욱 화려하게 장식하는 역할을 하며, 행운과 축복을 기원하는 의미를 담고 있다.

2011년 9월 뭄바이 도로변에서 꽃 걸이를 만들고 있는 모습

길거리에서는 장인들이 신선한 꽃을 한 송이씩 엮어 정성스럽게 꽃 걸이를 만드는 모습을 쉽게 볼 수 있다. 이들은 꽃의 종류와 색상을 신

중하게 선택하여 특정한 행사에 어울리는 조합을 만들어 낸다. 예를 들어, 결혼식에서는 주로 붉은색과 황금색 꽃이 사용되며, 종교 행사에서는 향기로운 자스민이나 연꽃 등이 많이 쓰인다.

생화 꽃 걸이   사원의 생화 꽃 걸이

특히 결혼식에서는 신랑과 신부가 서로에게 꽃 걸이를 걸어 주는 의식(Jaimala)이 중요한 예식 중 하나로 여겨진다. 이 의식은 서로에 대한 존경과 사랑을 의미하며, 결혼식장을 장식하는 데에도 엄청난 양의 생화 꽃 걸이가 사용된다.

이러한 모습은 과거 한국의 전통적인 금줄 모습에서도 찾아볼 수 있다. 한국의 전통 금줄은 아기가 태어난 집의 대문이나 출입문에 새끼줄을 걸고 고추, 숯, 솔가지 등을 꽂아 외부의 나쁜 기운이나 잡귀의 침입을 막고 산모와 아기의 건강과 안녕을 기원하는 풍습이다.

볏짚으로 꼰 새끼줄에 상징물을 꽂아두며, 아들이 태어나면 고추와

한국의 전통 금줄

함께 숯과 솔가지를 함께 달고, 딸이 태어나면 고추 대신 목화솜이나 숯만을 달아 성별을 구분하였다. 이러한 금줄은 샤머니즘적 세계관 속에서 인간과 자연, 신령 간의 조화를 추구하며 눈에 보이지 않는 악한 기운을 상징물을 통해 막고자 했던 민속 신앙의 표현으로 이해된다.

인도에서 생화 꽃 걸이는 단순한 장식을 넘어 깊은 문화적, 종교적 의미를 지닌다.

새로운 시작을 축복하는 상징으로, 새로 산 자동차, 집, 사무실에 꽃 걸이를 걸어두는 모습을 흔히 볼 수 있다. 자동차의 범퍼나 문 손잡이에 장식하거나, 집과 사무실 입구에 걸어 두어 행운과 번영을 기원하는 것이다.

이러한 꽃 걸이는 인도의 오랜 전통과 신앙을 반영하며, 정교한 수작업을 통해 제작되어 대대로 계승되고 있다. 사원에서 신에게 바치는 공물로, 결혼식에서 신랑과 신부가 교환하는 상징으로, 그리고 각종 의식과 축제에서 빠질 수 없는 요소로 활용된다.

2011년 9월 길거리에서 생화 꽃 걸이를 만드는 사람들

 이는 인도인들이 꽃을 단순한 자연의 일부가 아닌, 신성함과 삶의 중요한 부분으로 여긴다는 것을 보여 준다. 생화 꽃 걸이는 이처럼 아름다움과 의미를 동시에 담아내며, 인도 문화 속 깊이 자리 잡고 있는 전통이다.

힌두교

인도는 수많은 종교가 공존하는 나라로, 힌두교, 불교, 자이나교, 시크교 등 주요 종교의 발상지이자, 이슬람교, 기독교, 조로아스터교, 유대교 등 외래 종교도 뿌리내리고 살아 숨 쉬는 다종교 국가이다. 그중에서도 인도인의 삶을 가장 깊숙이 지배하고 있는 종교는 단연 힌두교다.

힌두교는 약 4천 년의 역사를 가진 세계에서 가장 오래된 종교 중 하나로, 오늘날 약 9억 명 이상의 신도를 보유하고 있으며 인도 인구의 대다수를 차지하고 있다. 단순한 종교 체계를 넘어, 힌두교는 인도인의 생활 전반을 규율하는 철학이며 문화이자 사회 질서이다.

힌두교는 고대 인도 아리안족이 남긴 최고 경전 베다(Veda)를 바탕으로 형성되었으며, 이후 수천 년 동안 발전과 변화를 거듭해 왔다. 드라비다족의 토착 신앙과 아리안족의 자연신 숭배가 융합되어 형성된 이 다신교 체계는 수많은 신을 숭배하는 것이 특징이며, 신과 인간, 우주 간의 순환을 이해하는 독특한 세계관을 가지고 있다.

2004년 3월, 인도 남부의 고도(古都) 마두라이를 방문해 힌두교의 대표적인 성지 중 하나인 '미낙시 사원'을 둘러보았다. 수 세기 동안 힌두교 신앙의 중심지 역할을 해 온 이 사원은, 그 규모와 장엄한 건축물, 복잡한 조각들로 보는 이를 압도한다. 다채로운 색의 고푸람(탑문)에 새겨진 수천 개의 신상들은 힌두교의 방대한 신화 체계와 예술적 상상력을 그대로 보여 준다.

2004년 3월 인도 남부 마두라이 미낙시 힌두교 사원

힌두교는 소를 신성시하고, 엄격한 계급 구조인 카스트 제도를 기반으로 한 사회 질서를 형성해 왔다. 이 제도는 사람의 출생에 따라 평생의 역할과 직업, 사회적 지위를 결정짓는 구조로, 힌두교의 근본 개념인 다르마(Dharma), 즉 정의, 의무, 삶의 법칙에 깊은 연관을 맺고 있다.

각 계급은 고유의 다르마를 가지고 있으며, 이를 충실히 수행하는 것이 신에게 바치는 최고의 헌신으로 여겨진다.

마두라이 미낙시 힌두교 사원

또한 힌두교는 인간의 삶이 끊임없는 윤회 속에 존재하며, 선행과 악행에 따라 다음 생의 형태가 결정된다고 본다. 따라서 현재의 삶은 전생의 결과이며, '해탈(모크샤)'은 이러한 윤회의 사슬에서 벗어나는 최종 목표로 제시된다. 해탈에 이르기 위한 방법은 다양하지만, 그 핵심에는 자기 절제와 수행, 그리고 정해진 다르마에 충실한 삶이 있다.

힌두교는 놀라울 정도로 유연하고 포용적인 성격을 지니고 있다. 수많은 외래 종교와 철학, 문화가 인도에 유입되었음에도 불구하고 힌두교는 그것을 억압하기보다는 흡수하고 동화하는 방식으로 자신을 확장시켜왔다. 이러한 관용성과 융합력은 오늘날 인도가 다종교 국가로서 비교적 평화로운 종교 공존을 가능하게 한 핵심 요인이기도 하다.

힌두교는 해외 전파보다는 인도 내부에서의 보존과 실천을 중시하는 경향이 있으며, 현대에도 인도인의 정신적 지주로서 깊은 영향력을 발휘하고 있다. 단지 신을 숭배하는 종교가 아니라, 인간 존재의 의미와 우주의 본질을 탐구하는 고도의 철학 체계로서 힌두교는 여전히 인도 사회의 중심에 서 있다.

자이나교

인도 뭄바이에 살면서 이른 아침 산책을 하다 보면, 흰 옷을 입고 맨발로 거리를 걷고 있는 자이나교 신자들과 자주 마주치게 된다. 그들은 긴 막대기와 작고 동그란 통을 들고 어디론가 묵묵히 이동하고 있었다.

이른 아침 뭄바이 해변을 이동하는 자이나 신도들

도시의 소란스러움이 시작되기 전, 그들의 조용한 행진은 거리 전체에 평온한 분위기를 자아낸다. 사람들은 그들에게 큰 관심을 두지 않는 듯했지만, 그들의 존재 자체가 인도 사회의 깊은 종교적 전통을 보여 주는 한 장면이다.

자이나교는 인도에서 힌두교나 이슬람교처럼 신도 수가 많지는 않지만, 그들의 철학과 생활 방식은 인도 사회에서 중요한 위치를 차지하고 있다. 자이나교 신자들은 전통적으로 상업과 금융업에 종사하며 경제적으로 부유한 계층을 형성하고 있으며, 그들의 엄격한 윤리관과 검소한 생활 방식은 인도 전역에서 존경받고 있다.

자이나교의 신앙이 깊어질수록 그들의 수행 방식은 더욱 철저해진다. 특히 수행자 중에서도 가장 높은 단계에 있는 '디감바라(하늘을 옷으로 삼은 자)' 수도승들은 옷을 전혀 걸치지 않는다. 이는 모든 물질적 소유로부터 완전히 벗어나야 한다는 자이나교의 철학을 실천하는 것이다.

자이나교 디감바라 수도승들

최고 신앙 지도자는 아예 아무것도 걸치지 않으며, 심지어 여성 신도들 앞에서도 전혀 부끄러워하지 않는다. 오히려 그들은 이를 더욱 성스러운 수행으로 여기며, 모든 세속적 욕망에서 초월한 상태로 받아들인다. 이러한 수행 방식은 일반적인 사회적 관념과는 매우 다르지만, 자이나교 내에서는 가장 고결한 수행의 형태로 존경받고 있다.

인도에서 생활하는 동안 뭄바이 근교에 위치한 한 자이나 교 사원을 방문한 적이 있다. 사원은 화려한 조각과 섬세한 건축미로 가득 차 있었으며, 정교하게 새겨진 기둥과 천장의 문양은 마치 시간과 공간을 초월한 듯한 느낌을 주었다. 사원 내부에서는 신자들이 조용히 명상에 잠겨 있었고, 향의 은은한 향기가 공간을 가득 채우고 있었다. 그들의 모습에서 깊은 평온함과 수행에 대한 신념이 느껴졌다.

자이나교는 단순한 종교가 아니라 철저한 수행과 삶의 방식이 결합된 신념 체계이다. 비폭력뿐만 아니라 철저한 금욕과 단순한 생활이 그들의 신앙을 지탱하는 중요한 요소다. 이러한 철학과 실천 방식은 인도 사회에서 특별한 위치를 차지하며, 많은 사람들에게 존경을 받고 있다.

불교

불교는 기원전 563년경 인도 북부에서 태어난 고타마 싯다르타, 즉 석가모니에 의해 시작된 종교이자 철학이다. 그는 왕족으로 태어났지만 인간의 삶에서 피할 수 없는 고통, 즉 생로병사의 문제에 깊이 고민하며 출가하였고, 오랜 고행 끝에 마침내 보리수 아래에서 깨달음을 얻어 부처가 되었다.

이후 그는 평생을 중생에게 가르침을 전하며 보냈고, 이러한 삶의 여정은 오늘날 불교의 4대 성지라 불리는 네 곳을 통해 지금까지 전해지고 있다.

첫 번째 성지인 룸비니는 현재 네팔 남부에 위치한 곳으로, 석가모니가 태어난 장소다. 이곳에는 그의 어머니 마야부인이 무우수 나무 아래에서 그를 낳았다는 전설이 전해지며, 아쇼카 대왕이 세운 석주가 이를 증명하듯 서 있다.

두 번째 성지는 인도 비하르 주에 있는 보드가야로, 석가가 깨달음을 얻은 장소이다. 그는 이곳에서 49일간의 명상 끝에 진리를 깨달았고, 이로 인해 보드가야는 오늘날 불교의 가장 신성한 장소로 여겨진다. 보드가야에는 마하보디 사원이 세워져 있으며, 현재도 세계 각국의 불자들이 찾아와 참배하고 수행하는 모습을 쉽게 볼 수 있다.

세 번째 성지인 사르나트는 석가가 깨달음을 얻은 뒤 처음으로 다섯 명의 수행자들에게 가르침을 전한 곳으로, 녹야원이라는 이름으로도 잘 알려져 있다. 그는 이곳에서 사성제와 팔정도의 교리를 처음 설파했으며, 이는 불교 교리의 출발점으로서 큰 의미를 가진다.

2012년 1월, 인도 북부를 여행하면서 이 녹야원을 방문했다. 거대한 대탑과 잔잔한 바람 속에 선 불탑 주변을 걸으면서, 석가가 설법을 전하던 그 순간이 시간의 벽을 넘어 다가오는 듯한 감정을 느꼈다.

2012년 1월 인도 북부 사르나트 녹야원

관광지라기보다는 마음을 가라앉히는 성찰의 공간으로 다가왔고,

경건하고도 고요한 분위기 속에서 그동안의 삶을 되돌아보게 만드는 특별한 시간이었다. 사르나트에는 아쇼카 대왕이 세운 다메크 대탑이 남아 있고, 다양한 불교 유물과 전시물이 보존되어 있어 순례자들의 발길이 끊이지 않는다.

마지막 성지인 쿠시나가르는 석가가 80세의 나이로 열반에 든 곳이다. 그는 이곳에서 마지막 제자들에게 유언을 남기고 조용히 생을 마감하였으며, 이를 기리기 위해 마하파리니르바나 사원이 세워졌고, 사원 안에는 누운 자세의 열반상이 안치되어 있다.

인도는 불교의 발상지이지만 오늘날 불교 신자의 수는 전체 인구의 1% 미만에 불과할 정도로 그 수는 많지 않다. 이는 불교가 인도 내에서는 점차 힌두교에 흡수되거나 밀려났기 때문이며, 이후 불교는 동아시아와 동남아시아로 퍼지면서 오히려 인도 밖에서 더욱 꽃피웠다. 하지만 인도는 여전히 불교의 정신적 고향이며, 석가모니의 삶과 깨달음이 시작된 이 땅은 전 세계 불자들에게 깊은 의미를 지닌 순례지로 남아 있다.

특히 아쇼카 대왕 시대에 세워진 불탑과 석주는 불교 미술과 건축의 원형을 간직하고 있으며, 이러한 유산은 오늘날에도 인류 문화의 소중한 자산으로 인정받고 있다. 대표적인 유적으로는 마하보디 사원과 사르나트, 쿠시나가르 같은 불교 4대 성지 외에도 인도 곳곳에 흩어진 석굴 사원이 있다.

그중 아잔타 석굴은 인도 마하라슈트라 주에 위치한 불교 유적지로, 2세기경부터 조성된 이 석굴들은 인도 불교 예술의 정수를 보여 주는 세계문화유산이다. 벽화와 조각은 석가모니의 전생담과 불교 신화, 보살들의 자비를 섬세하게 표현하고 있어 깊은 감동을 준다.

또한 뭄바이 북부에 위치한 산제이 간디 국립 공원 내에도 불교 석굴 유적이 자리하고 있다. 이곳에는 1세기에서 10세기 사이에 조성된 카네리 동굴(Kanheri Caves)이 있어, 인도 불교의 오랜 전통과 수도승들의 생활을 직접 느낄 수 있다.

2011년 3월 뭄바이 산제이 국립공원 불교 석굴 유적

뭄바이에 거주하면서 휴일 산책로로 주로 찾던 이 국립 공원의 석굴 유적지들은 야트막한 바위산 정상에 자리 잡고 있다. 뭄바이의 복잡한 카오스 같은 환경에서 탈피해서 자연 속의 고요한 분위기와 함께 불교 유적지를 돌아보면서 마음을 가라앉히고 사색을 즐기기에 좋은 장소이다.

또한 뭄바이 남부 게이트 오브 인디아에서 작은 배를 타고 1시간 내로 도착할 수 있는 엘리펀트 섬 역시 오래된 불교 유적지를 품고 있는 곳으로, 한국에서 본사 손님이 방문할 때마다 함께 이 섬을 찾곤 했다.

2011년 10월 뭄바이 엘리펀트 섬 불교 석굴 유적

섬의 동굴 속에 조성된 불교 및 힌두교 조각들은 시대의 변화를 그대로 반영하고 있으며, 바다를 건너 그곳에 다다르는 여정 자체도 하나의 성찰의 과정처럼 다가왔다.

이처럼 인도의 불교 성지를 직접 찾는 여정은 단순한 종교적 순례를 넘어 삶의 고통과 해탈, 그리고 인간 존재에 대한 깊은 성찰을 유도하는 정신적 여행이 된다. 불교는 그렇게 인도라는 땅에서 태어나 세계로 퍼져 나갔고, 지금도 많은 이들에게 평온과 지혜를 전해 주는 위대한 정신의 유산으로 남아 있다.

인도 보리수

2011년 2월, 인도 뭄바이 월리(Worli) 프로젝트를 시작할 즈음, 문득 보리수나무에 대한 관심이 생겼다. 인도가 불교의 발상지라는 인식과 함께, 석가모니가 보리수나무 아래에서 깨달음을 얻었다는 이야기가 떠올랐다. 당시 한영사전을 찾아보니 보리수가 'Banyan tree'로 번역되었는데, 그것이 원하던 보리수나무가 아님을 알게 되었다.

요즘은 ChatGPT 등에서 '보리수' 하면 바로 석가와 관련된 '인도보리수(Bodhi tree, Ficus religiosa)'로 명확하게 설명해 주지만, 2012년 당시에는 '보리수'라는 이름으로 불리는 나무 종류가 다양해 혼란스러웠다. 관련된 학설과 정보를 정리하면서, 불교의 본류와 무관한 나무들을 하나씩 제외해 보기로 했다.

우선 슈베르트의 가곡 「보리수」(Der Lindenbaum)에 등장하는 '보리수'는 불교의 보리수와는 무관하였다. 여기서 말하는 linden 나무는 Tilia 속, 즉 피나무 계열에 속하는 수종이다.

또한 한국에서 흔히 '보리수'라고 부르는 나무는 산수유처럼 붉은 열매가 열리는데, 이것도 석가모니와 관련된 보리수는 아니다.

가장 혼란스러웠던 것은 '인도보리수'와 '벵갈보리수'의 구분이었다. 두 나무 역시 인도에서 잘 번식하고 있는 수종이었다. 그 후 다양한 불교 관련 서적과 식물도감을 참고하였고, 결정적으로 보드가야의 '보리수나무' 잎을 통해 불교에서 말하는 보리수가 바로 '인도보리수'라는 점을 확신하게 되었다.

두 나무의 가장 큰 차이는 잎 모양과 기근의 유무이다. '벵갈보리수(Ficus benghalensis)'는 달걀형의 잎에 끝이 둥글며, 기근이 땅으로 내려가 여러 줄기를 형성한다. 반면 '인도보리수(Ficus religiosa)'는 하트모양의 잎에 끝이 뾰족하고 길게 뻗어 있으며, 기근이 발달하지 않는다. 외형과 생태적 특징 모두 '벵갈보리수'와는 확연히 다르다.

인도 뭄바이 월리 현장 내부 자생 인도 보리수 잎

인도보리수는 오늘날 전 세계 불교도들에게 성스러운 나무로 여겨진다. 이 나무는 석가모니가 깨달음을 얻은 장소인 보드가야의 마하보디 사원 경내에 자라고 있으며, 많은 순례자들이 이 나무 아래서 수행을 되새기고 기도를 드린다.

보드가야 인도보리수

이처럼 신성하게 여겨지는 인도보리수가 공사 현장에서 실제로 자라고 있는 모습이 처음엔 신기하게 여겨졌다. 이 나무는 매우 생명력이 강했고, 콘크리트 바닥 틈에서도 뿌리를 내릴 정도로 어디에서든 잘 자랐다.

뭄바이 월리 프로젝트 현장의 초기에, 현장 내의 잡목은 모두 제거대상이었다. 인도에서는 나무를 임의로 베는 것이 금지되어 있으며, 대지 경계선 외곽의 나무는 벌목 허가를 받아야 한다. 하지만 현장 부지 안의 나무들은 현장팀이 자체적으로 제거하였는데, 이들 나무 중에 가장 많이 벌목한 나무가 아이러니하게도 '인도보리수'였다. 이들 나무는 손으로 뽑아도 될 정도의 작은 나무에서부터, 톱과 장비를 이용해서 줄기와 뿌리를 제거해야 할 만큼 자란 거목에 이르기까지 매우 다양하고, 수량도 많았다.

인도보리수는 한국의 아카시아처럼 매우 흔하고, 자생력이 뛰어난 수종이라서 몬순이 지나면 처마 밑의 갈라진 틈새에서도 막 싹을 틔워 자라고 있는 모습을 볼 수 있다.

이처럼 인도보리수는 인도 곳곳에서 잡목처럼 자생할 뿐만 아니라 그늘을 제공할 정도의 거목으로까지 자랄 수 있는 아주 흔한 나무라서, 석가모니에게도 그늘을 제공하며 깨달음을 도왔을 수 있겠다는 상상이 사연스럽게 이어졌다.

인도보리수는 본래 성스러움의 상징으로 태어난 것이 아니라, 생태적으로 어디서든 잘 자라고 성장 속도도 빠르며, 거대한 그늘을 만들어 주는 장점을 갖고 있을 뿐만 아니라 기후 특성상 인도의 도처에서 흔히 볼 수 있다. 그런 특성 때문에, 우연히도 석가모니가 수행하던 장소에 이 나무가 자라고 있었고, 그 아래에서 깨달음을 얻었기에 오늘날에는 성스러운 상징이 된 것으로도 추정해 본다.

시크교

인도의 시크교는 힌두교와 이슬람교의 종교적 갈등과 사회 구조 속에서 15세기 말에 탄생한 비교적 젊은 종교이다. 시크교는 인도 북부 펀자브(Punjab) 지방에서 구루 나낙(1469~1539)에 의해 창시되었으며, 그는 힌두교의 윤회 사상과 업보 개념, 그리고 이슬람의 유일신 사상을 결합하여 전혀 새로운 형태의 신앙을 제시했다. 구루 나낙은 모든 인간이 평등하다고 주장하며 카스트 제도나 종교 간 차별을 강하게 비판했고, 신은 하나이며 형상을 갖지 않는 절대자라고 설파했다. 이 사상은 이후 아홉 명의 구루들에 의해 계승되었으며, 열 번째 구루인 구루 고빈드 싱(Guru Gobind Singh)은 더 이상 인간 구루는 존재하지 않으며, 그 대신 《구루 그란트 사히브》라는 경전을 영원한 구루로 삼을 것을 선언하였다.

시크교는 종교적 수행보다도 정직한 노동, 봉사, 평등을 강조하는 실천 중심의 종교이다. 시크교도들은 매일 아침 기도를 드리며, 누구든 가난하든 부자든 공동 식사를 나누는 '랑가르(Langar)' 전통을 통해 평등과 나눔을 실천한다. 이런 정신은 시크교 사원인 '구르드와라(Gurdwara)'에서 잘 드러나는데, 이곳에서는 누구나 종교나 신분, 배경에 관계없이 음식을 나눌 수 있고, 쉬어갈 수 있는 공간을 제공받는다.

2016년 5월 암리차르 황금 사원

시크교는 이러한 평등 정신과 자선활동으로 인해 인도 내 다른 종교 구성원들 사이에서도 존중받는 종교 중 하나로 자리 잡았다. 그러나 인도 역사 속에서 시크교는 늘 순탄한 길을 걸어온 것은 아니다. 무굴 제국의 종교 탄압, 식민지 시기의 혼란, 그리고 1980년대 이디라 간디 총리 암살 사건으로 촉발된 시크교 탄압과 폭동 등 여러 시련을 겪으며 오늘에 이르렀다.

시크교의 가장 신성한 순례지는 인도 펀자브 주의 암리차르에 위치한 황금 사원이다. 이 사원은 순금으로 덮인 아름다운 외관과 더불어, 사방에서 들려오는 '구루 그란트 사히브'의 낭송 소리, 신자들이 정성껏 머리를 숙이고 기도하는 모습이 깊은 인상을 준다.

16년 5월 암리차르를 여행하면서 이 황금 사원을 방문했다. 황금 사원을 둘러싸고 있는 성스러운 연못 '암릿 사로바르(Amrit Sarovar)'를 따라 천천히 걸으며 신자들이 조용히 경전을 낭송하는 모습과, 아무 차별 없이 식사를 함께 나누는 랑가르의 풍경에서 깊은 감동을 받았다. 특히 사원을 유지하고, 운영하는 모든 인력이 자원봉사자들로 구성되어 있다는 점은, 시크교가 단순한 신앙을 넘어서 하나의 실천적 공동체임을 잘 보여 준다.

시크교는 인도 전체 인구의 약 2% 내외를 차지하는 소수 종교이지만, 펀자브 지역에서는 절대다수를 이루며 정치, 경제적으로 중요한 위치를 점하고 있다. 이들은 터번과 수염, 그리고 다섯 가지 상징인 카르카(철제 팔찌), 캉가(빗), 케스(머리카락), 키르판(칼), 카차(속옷)를 지키며 정체성을 드러낸다.

군인, 경찰, 사업가 등 다양한 분야에서 활약하고 있으며, 특히 인도 육군에서 시크교 출신 장교와 병사들이 차지하는 비중이 상당히 높아, 시크교는 '용기와 충성심의 상징'으로 불리기도 한다.

시크교도들은 신앙의 상징으로서 머리카락을 자르지 않는 '케쉬(Kesh)'의 계율을 따르며, 이를 정갈하게 감싸고 보호하기 위해 터번(Dastar)을 착용한다. 터번은 단순한 의복이 아니라, 시크교 신자로서의 정체성과 신앙, 존엄을 나타내는 상징물로 간주되며, 구루의 가르침에 대한 순종과 영적 결속의 표현이기도 하다. 특히 시크교 사회에서는 터번을 쓴 사람에게 깊은 존경을 표하며, 이는 공동체 내에서의 평등과 자긍심을 상징하는 장치로 기능한다.

이러한 터번에 대한 종교적 중요성 때문에 시크교도들은 다양한 사회적 상황에서도 이를 고수하려는 경향이 뚜렷하다. 대표적으로 인도 내 군인이나 경찰, 건설 현장의 근로자들조차도 터번을 신성하게 여기기 때문에 일반적인 안전모(헬멧)를 착용하지 않고 터번만을 두른 채 업무를 수행하는 경우가 많다. 실제로 인도 및 일부 서방 국가들에서는 시크교도의 종교적 자유를 인정하여, 헬멧 착용 의무 규정에서 예외를 인정하고 있다.

이러한 관행은 종교적 신념과 사회적 안전 사이의 조화를 어떻게 구현할 것인지에 대한 흥미로운 사례로 자주 인용된다. 터번은 외부적으로는 강한 인상을 주는 시각적 상징이지만, 내면적으로는 자신과의 약속, 신과의 관계, 그리고 공동체에 대한 충성을 상징하는 깊은 의미를 지니고 있는 것이다.

시크교는 인도라는 다종교 사회 속에서 자신만의 정체성과 신념을 지키면서도, 공존과 나눔의 가치를 실현해 온 독특한 종교이다. 그 기원은 비교적 짧지만, 그 안에 담긴 사상과 실천은 수백 년의 세월을 거치며 더욱 깊어졌고, 오늘날에도 세계 각지에 퍼져 있는 시크교 디아스포라를 통해 그 정신은 계속 확산되고 있다. 힌두교와 불교, 이슬람의 경계를 넘어선 시크교는 인도 종교문화의 다양성을 이해하는 데 있어 반드시 주목해야 할 중요한 종교 중의 하나이며, 그들이 추구하는 신과 인간, 그리고 공동체에 대한 관점은 우리에게도 많은 통찰을 제공해 준다.

4

인도 속 삶의 현장

인도의 영국 식민지 영향

인도 뭄바이에서 6년 반 동안 거주하며 영국 식민 지배가 남긴 사회적 기반 시설과 문화적 영향을 직접 경험하고 이를 긍정적, 부정적 관점에서 바라보았다.

영국은 1858년부터 1947년까지 인도를 식민 통치하며 다양한 영향을 미쳤지만, 인도인들 사이에서는 근대화와 민주주의 발전에 대한 긍정적인 평가보다 경제적 착취와 사회적 분열을 초래했다는 부정적인 시각이 지배적이다.

영국 식민 지배의 유산 중 하나는 인도가 영어 문화권에 포함되었다는 점이다. 덕분에 외국인들은 시골 마을에서도 영어로 의사소통할 수 있으며, 이는 여행객들에게 편리함을 제공한다. 또한, 민주주의의 개념이 시골 지역까지 확산되어, 마을 주민들이 공터에 모여 지역의 중요한 안건을 토론하는 모습을 자주 보게 된다.

또한 건축, 행정 제도, 교육 시스템, 언어, 생활 방식에서도 영국의 흔적을 쉽게 접할 수 있으며, 이는 현대 인도의 문화적 정체성에 깊은 영향을 미쳤다.

영국 식민 시절에 세워진 건축물들은 인도의 여러 도시에 독특한 분위기를 더하고 있으며, 대표적인 예로 뉴델리의 정부 청사와 게이트웨

이 오브 인디아 같은 건축물은 영국식 신고전주의 스타일과 인도 전통 양식이 조화를 이룬다. 또한 콜카타나 뭄바이 같은 도시에서는 빅토리아풍의 기차역, 법원, 교회 등이 남아 있어 당시의 건축 양식을 엿볼 수 있으며, 특히 뭄바이의 차트라파티 시바지 역은 영국식 고딕 양식과 인도 요소가 섞여 독특한 미감을 자아낸다.

2025년 5월 차트라파티 시바지 역

 인도의 철도 역시 대부분이 영국 식민 통치 시기에 건설되었으며, 그 목적은 산업 발전보다는 영국의 식민 지배를 강화하고 식민 경제를 효과적으로 운영하는 데 있었다.
 영국은 인도의 각 지역에서 생산된 면화, 석탄, 향신료 등의 원자재를 항구로 신속하게 운송하고, 영국에서 제조된 제품을 내륙 시장으로 유통하기 위해 철도를 구축했으며, 또한 군대와 관료 조직을 효율적으로 이동시키는 수단으로 철도를 적극 활용했다.

이러한 배경에서 인도의 철도망은 영국의 이익을 위해 설계된 것이었지만, 결과적으로 현대 인도의 교통 기반이 형성되는 데 큰 영향을 미쳤다. 현재 인도는 세계에서 가장 큰 철도망 중 하나를 보유하고 있으며, 총 연장 길이는 약 68,000km에 달한다.

인도 철도는 1억 명 이상의 승객이 매일 이용하는 필수적인 대중교통 수단이며, 물류 운송에서도 중요한 역할을 한다.

2025년 5월 뭄바이 차트라파티 시바지 역

그러나 독립 이후 국가 주도의 철도 운영이 지속되면서 낮은 임금 체계와 부족한 시설 투자로 인해 전반적으로 노후화된 상태이며, 과거 영국이 건설한 역사적인 철도 인프라가 그대로 유지되면서 현대적 개보수가 미흡한 경우가 많다. 객차와 플랫폼이 오래되어 시설이 낙후된 곳이 많고, 정시 운행이 어려운 경우도 흔하며, 일부 구간에서는 혼잡과 안전 문제가 지속적으로 발생하고 있다.

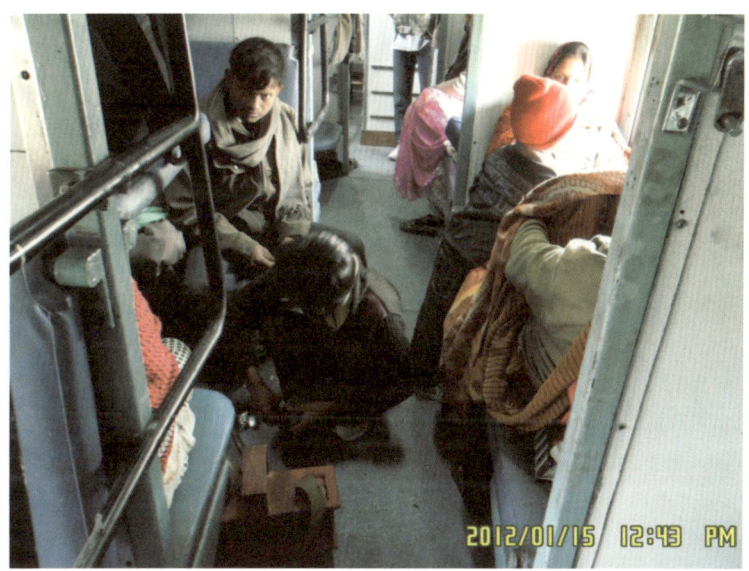

2012년 1월 인도 장거리 기차 내부

현재의 공무원 시험 제도 역시 영국의 식민 통치 당시 도입된 것으로 지금도 인도 사회에서 가장 권위 있는 시험 중 하나이며, 영국 법체계를 기반으로 한 사법 제도가 여전히 유지되고 있어 법원에서 사용하는 용어나 절차도 영국식 시스템을 따른다.

현대 인도의 교육 시스템도 영국의 영향을 받아 서구식 학제가 도입되었으며, 이로 인해 인도의 명문 대학들은 영국식 교육 방식을 따르고 있고 학생들은 대학 입학을 위해 서구식 커리큘럼을 학습한다.

영국의 영향을 받은 일부 생활양식도 여전히 남아 있다. 운전에서 좌측통행 시스템이 도입되었고, 티타임 문화 역시 영국 식민 시절부터 자리 잡아 인도식 차 문화로 발전했으며, 영국식 클럽 문화도 일부 지역에서 유지되고 있고, 식민지 시대에 형성된 엘리트 계층은 여전히 영국식 라이프스타일을 따르는 경향이 있다.

또한 인도의 토의 문화와 조직 운영 방식에도 영국의 식민 지배가 깊은 흔적을 남겼는데, 영국식 행정 체계의 영향을 받아 인도인들은 공식적인 회의나 협상을 진행할 때 형식적인 절차를 중시하는 경향이 강하고, 서구식 토론 문화를 바탕으로 논리적인 주장과 근거를 제시하는 방식을 익혀 왔다.

하지만 인도의 다양한 언어와 문화적 배경이 결합되면서 영국식 토론 방식에 인도 특유의 유연성과 장황함이 더해져, 때로는 회의가 길어지거나 결론 없이 흐지부지되는 경우도 많다.

또한 영국 식민 시절의 관료적 문화가 남아 있어 의사 결정 과정이 느린 편이며, 형식적인 절차를 중시하는 분위기 속에서 실질적인 행동보다는 보고서 작성이나 문서화된 절차를 우선시하는 경향도 강하다.

인도에 취업 비자로 거주하면서 1년에 한 번씩 비자를 연장하기 위해 비자 관리 사무소를 찾으면 아직도 노트 형식의 문서들로 업무를 보는 관행으로 반나절 이상을 소비해야 하는 불합리한 절차를 경험해야 했다.

　인도의 스포츠 종목 중에 크리켓은 영국이 남긴 가장 큰 문화적 유산 중 하나로, 현재 인도에서 가장 인기가 있으며, 크리켓 경기의 승패는 국가적 관심사로 떠오를 정도로 인도는 세계적인 크리켓 강국으로 자리 잡았다.

2011년 5월 뭄바이 밀크 콜로니 마을 크리켓 경기

　2016년 5월, 인도 북부의 도시 암리차르를 여행하던 중, 영국 식민 통치의 폭력성과 잔혹함을 생생히 증언하는 역사적 현장을 직접 마주하게 되었다. 그곳은 바로 '자리안왈라 바그'로, 인도 독립운동사의 비극적인 전환점이 된 암리차르 학살 사건의 현장이다.

1919년 4월 13일, 부활절 일요일이자 시크교의 중요한 명절인 '바이사키' 축제가 열리던 날, 약 1만 여 명의 인도인들이 이 광장에 모였다. 이들은 당시 영국 식민 정부가 인도 내 정치적 반대 세력을 억누르기 위해 도입한 악명 높은 '롤라트 법'의 철폐를 요구하며 평화적인 집회를 열고 있었다. 이 법은 영장 없이 체포와 구금을 가능하게 하고, 언론과 표현의 자유를 억압하며, 재판 없이 처벌을 가능하게 하는 등 기본적인 인권을 심각하게 침해하는 법이었다.

그러나 이러한 평화로운 시위에 대해 영국 식민 당국은 무자비한 폭력으로 대응했다. 당시 펀자브 지역의 영국군 사령관인 '레지널드 다이어'는 아무런 경고도 없이 병사들을 이끌고 광장으로 진입했고, 단 하나의 출입구를 봉쇄한 채 군중을 향해 무차별적인 사격을 명령했고, 희생자는 수천 명에 달했다. 특히 아이들과 여성, 노인들도 이 참극의 희생양이 되었으며, 좁은 공간에서 도망칠 곳조차 없이 속수무책으로 목숨을 잃은 사람들이 많았다.

이 끔찍한 학살 이후에도 영국은 사과는커녕 오히려 펀자브 전역에 계엄령을 선포하고, 공개 채찍질, 무차별 체포, 강제 노역 등 가혹한 통치를 강화하였다. 그러나 이 만행은 오히려 인도 국민들의 분노와 저항을 불러일으켰고, '마하트마 간디'를 중심으로 한 비폭력, 불복종 운동의 결정적인 전환점이 되었다. 간디는 이 사건을 계기로 전면적인 민족운동의 필요성을 절감하였고, 이는 인도의 독립운동을 전국적으로 확대하고 더욱 강력하게 추진하는 기폭제가 되었다.

오늘날 '자리안왈라 바그'는 추모 공원으로 조성되어 있으며, 당시 총탄 자국이 그대로 남아 있는 벽과 희생자들의 이름을 새긴 기념비가 방문객들을 맞이하고 있다.

그곳에서 학살의 현장을 직접 바라보며, 식민 지배가 남긴 상처의 깊이와 인도인들의 독립에 대한 열망을 다시금 절감할 수 있었다.

2016년 5월 암리차르 잘리안왈라 바그 추모공원

암리차르 여행에서의 '자리안왈라 바그' 체험은 단순한 관광을 넘어, 역사의 아픔을 기억하고 인간의 존엄과 자유의 가치를 되새기게 해 주는 깊은 성찰의 시간이었다.

인도 여성 전통의상 '사리'

21세기인 지금도 여전히 전통 복장을 고수하는 중동의 여러 나라와 마찬가지로, 인도 역시 대부분 여성들이 그들의 전통의상인 사리를 입고 다닌다. 현대식으로 편한 의상들이 있음에도 불구하고 여전히 사리를 고수하는 모습이 인상적이다.

2011년 9월 사리와 블라우스를 입은 뭄바이 여성들

처음에는 몹시 거추장스러워 보였지만, 천 한 장을 몸에 둘둘 감아 입는 방식은 오히려 실용적일 수도 있겠다는 생각이 든다. 특별한 날이나 행사 때뿐 아니라, 일상에서도 사리를 입고 자연스럽게 활동하는 여성들의 모습은 전통과 일상의 경계를 무너뜨린 듯한 독특한 매력이 있다.

인도 뭄바이의 다이섹 현장에서 근무하던 현지 여사원들에게서도 그런 인상을 받았다. 그들은 업무 환경에서도 자연스럽게 사리를 입고 다녔고, 이는 단순한 옷차림을 넘어 자부심처럼 느껴졌다.

인도 뭄바이 다이섹 현장 현지 여사원들

인도 여성들이 즐겨 착용하는 사리는 실크, 면, 얀, 크레이프 등 다양한 재료로 만들어지며, 지역에 따라 스타일과 착용 방식도 매우 다양하다. 특히 실크 사리는 결혼식이나 힌두교 축제와 같은 중요한 행사에서 자주 착용되며, 각 지방 고유의 문양과 색감을 담고 있어 문화적 다양성을 드러낸다.

사리는 일반적으로 몸에 한 번 감고 끝을 어깨에 던지는 방식으로 입는데, 이때 블라우스와 페티코트를 필수적으로 받쳐 입는다. 블라우스는 몸에 딱 맞는 짧은 상의로, 배 아래가 드러나는 디자인이 대부분이다.

젊고 늘씬한 여성들이 입은 모습은 사리의 아름다움을 더욱 돋보이게 하기도 하지만, 나이 든 여성들이 입은 경우에는 그 노출이 썩 보기 좋은 인상만은 아니다. 물론 이는 외부인의 시선일 뿐, 인도 내에서는 그만큼 자연스럽고 문화적으로 용인된 모습이기도 하다.

인도 여성 사리와 블라우스

인도 여성 전통의상 사리 원단

어린 시절 한국에서도 흔히 보았던 아주머니들의 한복 입은 모습은 이제는 결혼식 때나 볼 수 있다. 한복을 입고 집안일을 하거나 장을 보러 나가던 어머니, 할머니들의 모습은 아련한 기억 속의 풍경이 되었지만, 한복 역시 사리처럼 여성의 아름다움을 강조하는 전통의상이다.

최근에 광화문 근처 사무실에 근무하면서, 서울의 북촌이나 경복궁 주변에서 외국인들이 한복을 입고, 전통 체험을 하는 모습을 자주 본다.

경복궁 내 한복입은 외국인 관광객들

인도의 사리 또한 변화하는 사회 속에서 새로운 스타일과 재질로 변형되면서도 여전히 일상과 특별한 날 모두에서 그 존재감을 유지하고 있다.

결국 사리도, 한복도 단순한 옷이 아니라 그 나라 여성들의 정체성과 문화를 담고 있는 상징이다.

인도의 여성들이 사리를 통해 자신들의 문화를 지금도 자연스럽게 이어가고 있는 모습은, 전통과 현대가 조화롭게 공존할 수 있음을 보여 주는 좋은 예이다.

인도의 농사철

인도는 광대한 영토와 다양한 지형, 기후 조건으로 인해 여러 농사철이 존재하는 나라다. 크게 몬순 시즌(Kharif, 6월~9월), 건기 시즌(Rabi, 10월~2월), 간절기(Zaid, 3월~5월) 시즌 등으로 나뉘며, 각각의 시즌은 작물 재배에 큰 영향을 미친다.

특히 몬순 시즌은 인도의 농업에서 매우 중요한 시기로, 풍부한 강수량을 바탕으로 벼와 다양한 곡물을 재배하기에 최적의 조건을 제공한다.

인도 논의 벼농사 모내기

몬순 시즌은 벼 농사철과 겹쳐 있어 농촌 지역에서는 많은 노동력이 필요하게 되며, 이에 따라 도시나 건설 현장에서 일하던 근로자들이 대거 고향으로 돌아가 농사에 참여하게 된다. 이는 마치 과거 한국의 두레 공동체와도 유사한 모습이다.

인도의 벼농사 모심기

이러한 대이동은 건설 산업 현장에 적지 않은 영향을 미친다. 근로자들의 일부가 현장을 떠남으로써 일시적인 인력 공백이 발생하고, 이에 따라 현장에서는 신규 인력의 충원이 불가피해진다. 더불어 새로운 인력이 현장에 투입되면, 기존 업무 숙련도나 현장 적응도가 낮기 때문에 별도의 교육과 적응 기간이 필요하다. 이는 생산성과 공정 관리 측면에서도 악영향을 끼칠 수밖에 없는 구조다.

이와 달리 중동이나 동남아시아 등 해외 건설 현장에 파견된 인도 근로자들의 경우에는 상황이 다르다. 이들은 대부분 에이전시를 통해 비자 수수료와 커미션을 지불하고, 여권도 해당 현장에 맡긴 상태에서 장기 근무를 전제로 출국했기 때문에, 계약 기간 중에는 이탈이 거의 발생하지 않는다.

   결국 인도에서는 농사철과 몬순 시즌이 결합된 요인이 사회 전반, 특히 노동 시장에 지대한 영향을 미치고 있으며, 건설 산업에서도 이에 따른 전략적인 인력 관리와 탄력적인 운영 계획이 필수적이다.

인도의 인도(人道)

인도에서의 교통질서와 도로 환경은 외국인에게 매우 낯설고 혼란스럽게 느껴진다. 기본적으로 인도는 세계에서 인구가 가장 많은 나라 중 하나이고, 대도시에서는 극심한 교통 체증과 무질서한 도로 환경이 일상적인 풍경이다.

인도 뭄바이 교통 체증

인도에서 도로를 건너는 것은 일종의 '모험'이라고 할 수 있다. 신호등이 설치된 곳조차 신호를 지키지 않는 경우가 많고, 신호등이 없는 횡단보도에서 보행자가 길을 건너는 것이 거의 불가능해 보인다.

미국이나 유럽 같은 나라에서는 보행자가 횡단보도 근처에 서 있기만 해도 차들이 멈추고 기다려 주는 것이 일반적이지만, 인도에서는 그런 모습을 기대하기 어렵다. 보행자가 다수 몰려 있어도 차량들이 정차할 생각을 하지 않고, 오히려 클랙슨(경적)을 울려 보행자를 밀어내려는 경우가 다반사다.

인도에서 도로 횡단하기

그래서 길을 건너기 위해서는 현지인들과 함께 무리를 지어 건너거나, 용기를 내서 차들 사이를 요리조리 피해 가며 스스로 판단하고 건너야 한다.

보행자의 안전을 보장하는 보도(인도)가 제대로 정비되지 않은 것도 큰 문제다. 인도의 많은 도시는 도보 환경이 열악하며, 심지어 대도시에서도 제대로 된 인도를 찾기가 어렵다. 특히 오래된 도시일수록 인도가 차량 주차 공간으로 활용되거나 상점들이 점거하고 있어 보행자가 찻길로 내려가야 하는 상황이 흔하다.

뭄바이 웨스트 반드라에 거주할 때 해변가 근처의 '조거스 파크'까지 가려면 몇 번의 길을 건너야 했는데, 가는 동안 인도가 제대로 없어서 위험을 감수하며 찻길로 걸어야 했다. 게다가 인도에서 차량들은 보행자보다는 다른 차량을 더 의식하기 때문에, 길을 건너거나 찻길을 걸을 때 극도로 주의를 기울여야 한다. 이러한 이유로 가까운 거리조차도 도보 이동보다는 오토 릭샤를 이용해야 했다.

교통 체증이 심한 도심에서도 오토 릭샤는 탱크처럼 앞으로 밀고 나가는데, 이런 운전 스타일 덕분에 많은 사람들에게 필수적인 이동 수단으로 자리 잡고 있다.

인도에서 도로를 이용하면서 가장 불편했던 점은 도로에 인도(보도)가 제대로 설치되어 있지 않은 것과 도로 주변이 일 년 내내 공사 중이라는 점이다. 노후화된 상하수도관 교체, 전력 및 통신선 설치, 도로 보수 공사 등 다양한 이유로 길가가 계속해서 파헤쳐지며, 한 번 공사가 시작되면 오랜 기간 방치되는 경우가 대부분이다. 이러한 공사는 오랫동안 미완성 상태로 남아 있어 도보와 차량 이동을 더욱 어렵게 만든다. 특히 대도시에서는 도로의 한 차선이 늘 공사로 인해 막혀 있는 모습을 쉽게 볼 수 있다. 이러한 공사들은 계획적으로 이루어지기보다는 필요할 때마다 즉흥적으로 진행되는 경우가 많으며, 공사가 끝난 후에도 제대로 복구되지 않아 움푹 패인 도로나 비포장도로가 남아 있는 경우가 흔하다. 그 결과, 차량 운전자들은 요철이 많은 도로를 피하려고 갑자기 방향을 바꾸거나 급정거하는 경우가 많고, 보행자들은 울퉁불퉁한 길을 조심스럽게 걸어야 한다.

그리고 인도에서는 클랙슨(경적)이 교통 시스템의 중요한 요소로 작용하는데, 단순히 경고의 의미를 넘어서 '내가 가고 있다'는 신호를 보내는 역할을 한다. 심지어 대부분의 차량 뒤편에는 'HORN PLEASE'라고 아예 경적을 울려 달라는 글씨가 쓰여져 있을 정도이다.

차량 뒤편 'HORN PLEASE'

그래서 인도의 도로에서는 끊임없이 클랙슨 소리가 울려 퍼진다. 인도의 교통질서와 도로 환경은 외국인에게는 매우 혼란스럽고 불편하게 느껴질 수 있지만, 인도인들에게는 오랜 시간 동안 적응해 온 삶의 일부다. 보행자의 입장에서는 길을 건너거나 걷는 것이 쉽지 않고, 차량 운전자는 교통체증과 공사로 인해 인내심이 필요하다. 하지만 이러한 환경 속에서도 인도 특유의 독특한 교통 시스템이 자리 잡고 있으나, 외국인이 인도에서 살면서 가장 적응하기 힘든 부분이다.

오토 릭샤

　인도에서 오토 릭샤는 단순한 교통수단 그 이상의 의미를 지닌 존재이다. 이 작은 삼륜 전동 스쿠터는 도시의 골목골목을 바쁘게 누비며, 그 자체로 인도 도시의 혼잡하고 활기찬 일상을 상징하는 아이콘처럼 보인다.

오토 릭샤

　오토 릭샤는 인도의 대표적인 교통수단으로, 여타 동남아시아 국가들에서도 흔히 볼 수 있는 교통수단이다. 태국에서는 '툭툭', 인도네시아에서는 '바자이'로 불리며, 이들 모두가 비슷한 형태의 작은 삼륜차로, 좁은 골목길을 빠르게 돌아다니고 사람들이 쉽게 탈 수 있어 매우 편리하다. 그러나 그 편리함 뒤에는 교통 체증과 소음을 유발하는 주요 원인이라는 점에서 불편함을 유발하기도 한다.

특히 출퇴근 시간이나 러시아워에 오토 릭샤가 밀집하면 그 혼잡함은 상상을 초과한다. 길이 좁은 인도의 도로에서 수많은 오토 릭샤가 서로 얽히며 빽빽하게 움직이고, 심지어 차선을 지키지 않고 길을 막는 경우도 많다.

25년 5월 뭄바이 오토 릭샤

출퇴근 시간에는 다른 차량들과의 경합 속에서 질주하는 오토 릭샤가 마치 물방개처럼 좁은 도로를 오가며 도로를 가득 메운다. 그런 이유로 많은 사람들이 오토 릭샤의 소음과 교통 방해를 불평하기도 한다. 휴일에 집에서 쉬고 있을 때, 거리에서 들리는 오토 릭샤의 소리가 무척 거슬릴 때도 많다.

그럼에도 오토 릭샤는 인도에서 빼놓을 수 없는 중요한 교통수단이다. 작은 크기 덕분에 이동이 용이하고, 손쉽게 탈 수 있어 대중교통이 부족한 지역에서도 널리 이용된다. 또한, 지역마다 다양한 요금제로 운행되므로, 길거리에서 누구나 쉽게 타고 내릴 수 있어 많은 사람들이 애용한다. 오토 릭샤를 타면 좁은 골목길이나 복잡한 도로를 빠르게 통과할 수 있어 특히 이동이 어려운 지역에서 유용하다. 인도에서는 오토 릭샤가 교통 체증을 악화시키는 주요 원인으로 지목되기도 한다.

오토 릭샤의 소유주는 대부분 개인 사업자로, 소유주가 별도로 있고, 운전자는 대개 오토 릭샤를 빌려서 운행하는 경우가 많다. 오토 릭샤 운전자들은 오토 릭샤가 그들의 집처럼 되어, 차량에서 숙식을 해결하는 경우가 대부분이다.

새벽에 운동을 나가다 보면, 오토 릭샤 바깥으로 다리를 내놓고 잠든 운전자를 흔히 볼 수 있다. 오토 릭샤 운전자들의 생활은 고단하고 어려운 부분이 많지만, 경제적 사정이나 사회적 위치로 인해 대체로 그런 상황을 감수하고 살아간다.

이처럼 인도의 오토 릭샤는 단순히 교통수단을 넘어, 도시와 사람들 사이의 연결 고리이자 많은 사람들의 삶을 지탱하는 중요한 존재이다.

뭄바이 슬럼가

2004년 3월 인도 출장을 가면서 올드 델리의 시가지에서 40~50년 전의 우리나라와 같은 모습을 이미 경험했던 터라 2012년 9월 인도 뭄바이 현장에 부임했을 때 뭄바이 슬럼가의 모습들이 아주 생소하지는 않았다.

인도를 처음 여행하는 사람들은 제일 먼저 접하는 그 혼란함과 불결함에 넋을 잃게 된다.

2015년 12월 인도 뭄바이 슬럼가

뭄바이 월리 현장 주변에는 슬럼가가 혼재해 있어서 일상처럼 슬럼가의 모습들을 볼 수 있었고, 현지 직원과 함께 '다라비'에 있는 슬럼가도 여러 차례 가 보았다.

2012년 6월 인도 뭄바이 월리 슬럼가

인도 현장에 근무하면서 읽었던 최명희 선생의 10권짜리 대하소설 《혼불》속에 등장하는 1930년대 전라남도 남원의 노예나 천민들이 살던 거멍굴 삶의 모습들과 이곳 인도의 슬럼가의 삶의 모습들이 뒤엉켜서, 마치 무엇이 소설 속의 모습이고, 무엇이 실제 인도 슬럼가의 모습인지 착각이 들 정도로 혼돈스러웠다.

인도의 뭄바이는 아마도 전 세계에서 가장 빈부의 격차를 적나라하게 보여 주는 도시가 아닌가 싶다. 브라질의 리오데자네이로를 여행하면서도 비슷한 느낌을 받았지만, 뭄바이의 빈부 격차가 훨씬 더 커 보인다.

　인도가 IT 강국 또는 신흥 경제국으로 뉴스에 등장하긴 하지만 인도에서 6년 반 동안 살아 본 느낌으로는, 인도의 빈부 격차는 세월이 흘러도 더욱 심해져 갈 것 같다.

25년 5월 뭄바이 다라비 슬럼가

　도심의 특급호텔들, 최근 지어진 고급 아파트들 사이에 산재해 있는 슬럼가와 혼잡한 도로를 경적을 울리며 뒤엉켜 달리는 오토 릭샤들과 낡은 버스들, 그리고 차량, 오토바이, 릭샤들 사이의 수많은 인파들, 아침저녁으로 온갖 쓰레기 태우는 연기와 매연이 더해져 쾌쾌한 공기와 후덥지근한 날씨 속에 도심 속을 흐르는 작은 강이나 천은 생활하수와 축산하수가 섞여 악취가 진동을 한다.

　시간의 흐름 속에 문명이 진화하고, 도시의 모습들이 발전하고, 변화하기를 기대해 보지만 그 변화의 속도는 인도에서 보낸 6년 반 동안의 시간 중에도 거의 느끼지 못했고, 2025년 5월 다시 인도를 찾았을 때도 달라진 것이 별로 없었다.

　인도는 수천 년 동안 뿌리를 이어온 카스트 문화 속에 기득권을 가진 사람들의 이기주의와 그 반대의 사람들의 숙명처럼 받아들이는 계급사회의 잔재 속에 안주하려는 모습은 앞으로도 크게 달라지지 않을 듯싶다.

인도의 슬럼 이주 정책

인도 뭄바이 월리 현장은 기존의 슬럼가를 철거하고, 그 자리에 최고급의 아파트와 호텔을 짓는 프로젝트이다.

휀스 안쪽 월리 프로젝트와 휀스 밖 서민아파트

인도 뭄바이 개발회사인 오베로이에서 발주한 최고급 아파트와 호텔 프로젝트를 삼성물산이 수주해서 시공하고, 서민아파트는 현지의 건설회사가 맡아서 시공하였다.

인도의 이주 정책은 슬럼가를 철거한 옆자리에 서민용 아파트를 건설하면서, 서민 아파트가 지어진 용적률만큼 새로운 고급 아파트를 지을 수 있도록 하는 정책인데, 결과적으로 슬럼가는 철거되지만 최고급 아파트와 확연히 차이나는 서민 아파트가 나란히 들어서게 된다.

2012년 4월 인도 월리 슬럼가에 지어지는 서민 아파트

인도의 슬럼 이주 정책은 대도시 내 슬럼가 문제를 해결하고, 도시 재개발을 촉진하기 위한 공공과 민간 협력 기반의 정책으로, 특히 뭄바이와 같은 대도시에서는 급격한 인구 증가와 부족한 주거 공간 문제로 인해 슬럼가가 광범위하게 형성되었으며 이를 정비하는 과정에서 슬럼가를 철거한 후 해당 부지에 서민용 아파트와 고급 아파트를 함께 건설할 수 있도록 허가하는 방식으로 운영된다.

25년 5월 뭄바이 월리 아파트

슬럼 거주민들은 일정 기준을 충족할 경우 정부 지원을 받아 서민용 아파트에 입주할 자격을 부여받고, 건설업체는 서민 아파트를 일정 규모 이상 짓는 조건을 충족하면 나머지 공간을 이용해 고급 아파트나 상업 시설을 개발할 수 있는 권리를 부여받는다.

뭄바이 월리 아파트

이처럼 민간개발업체는 슬럼가 철거 후 일정 규모의 서민 아파트를 건설하면 추가로 더 많은 고급 아파트나 상업용 건물을 개발할 수 있는 권한이 주어지므로 이를 통해 경제적 이익을 확보하면서도 공공 주택 공급을 이루도록 유도한다.

슬럼 거주민 중 일정 요건을 충족하는 가구는 무상 또는 저렴한 가격으로 새로운 서민 아파트를 제공받는다. 기존 슬럼보다 기본적인 주거 환경이 개선되나 공간이 제한적이며 일부 거주민들은 정부 지원 대상에서 제외되거나 기존 직장 및 생활환경과의 단절 문제로 인해 서민 아파트 입주를 거부하는 경우도 있어 정책의 실효성이 일부 제한될 수 있다.

이 정책을 통해 슬럼 지역이 정비되고 고급 주거 및 상업 시설이 들어서면서 도시 미관과 부동산 가치가 상승하는 긍정적인 효과가 있는 반면, 슬럼 지역이 사라진 자리에는 최고급 아파트와 서민 아파트가 나란히 들어서게 되면서 시설 수준의 격차로 인해 계층 간 주거 격차가 더욱 도드라지는 문제가 발생한다.

삼성물산에서 참여했던 뭄바이 월리 프로젝트의 경우만 보더라도 해당 프로젝트의 면적만큼 슬럼가는 사라졌지만, 뭄바이에서 가장 최고급 아파트와 가장 저렴하게 지은 서민아파트가 나란히 들어서면서, 건물 내부의 인테리어나 시설은 차치하더라도 건물의 외관에서조차 현저한 차이를 드러낸다. 그러다 보니 뭄바이 시내에는 아직도 슬럼가 주택, 최고급 아파트, 서민 아파트 등이 혼재해서 도시의 정리된 모습을 찾기가 어렵다.

서민 아파트 주민들은 종종 고급 아파트 단지 내 편의 시설 이용이

제한되는 경우가 많으며 일부 슬럼 거주민들은 제공받은 아파트를 되팔고 다시 다른 슬럼가로 이동하는 현상이 나타나기도 한다. 이는 신규 아파트에서 지속적으로 거주할 경제적 여건이 부족하거나 기존 생활권과의 단절이 있기 때문이다.

결국 인도의 슬럼 이주 정책은 슬럼 정비를 통한 도시 환경 개선과 공공 주택 공급이라는 긍정적인 목표를 가지고 있지만 계층 간 주거 격차와 원주민 재정착 문제 등의 한계를 내포하고 있어 향후에는 서민 아파트의 주거 환경 개선과 실질적인 정착을 위한 보완책이 필요해 보인다.

도비 가트

2025년 5월 인도를 여행하면서 오랜만에 도비가트를 다시 찾았다. 뭄바이에서 살면서 여러 번 찾아가 보았지만 내부를 직접 둘러본 건 이번이 처음이다.

막상 내부를 들어가려고 하니 입구에서 웬 청년이 나타나서 600루피를 내야 내부를 볼 수 있다고 했지만, 깎아서 300루피를 지불한 뒤

2025년 5월 뭄바이 도비가트

2025년 5월 뭄바이 도비가트 내부

 그 청년의 안내를 받아서 내부를 둘러보았다. 도비가트 입구에는 세계에서 가장 큰 빨래터라는 기네스 기록 인증 팻말이 걸려 있었다.
 도비가트는 단순한 세탁소가 아니라 거대한 야외 세탁 공장이었다. 끝없이 펼쳐진 콘크리트 세탁 칸마다 도비들은 허리를 숙여 거품이 가득한 물속에서 세탁물들을 손으로 주무르고 있었고, 다른 이들은 콘크리트 턱에 빨래를 힘껏 내리치며 때를 빼고 있었다. 그들의 손놀림은 매우 숙련되어 있었고, 마치 기계처럼 정확한 리듬을 이루고 있었다.
 세탁된 옷들은 각자의 구역에서 탈수 과정을 거친 뒤 커다란 빨랫줄에 널려 건조되고 있었다. 그 장대에는 형형색색의 사리, 터번, 셔츠,

2025년 5월 도비가트 내부

바지, 침대보 등이 빼곡히 걸려 있었는데, 강렬한 태양 아래에서 바람에 흩날리는 모습이 한 폭의 그림 같았다. 수많은 옷들이 가지런히 널려 있는 장면은 마치 도시의 또 다른 얼굴을 보는 듯한 느낌을 주었다.

안내하는 청년이 도비 가트는 100년이 넘은 전통적인 세탁소이며, 많은 호텔과 병원, 가정집에서 나온 세탁물을 처리하고 있는 세계에서 가장 큰 야외 세탁소라며 자랑스럽게 말했지만, 이곳에서 일하는 사람들의 고단한 삶이 먼저 안타까움으로 다가왔다.

세탁물의 양은 어마어마했고, 작업 속도도 빨랐지만, 노동자들의 얼굴엔 웃음기 없이 피로함이 묻어 있었다. 손으로 옷을 헹구고, 무거운

천을 들어 올리고, 강한 햇볕 아래에서 하루 종일 서서 일하는 모습이 보기만 해도 힘들어 보였다. 게다가 세제를 맨손으로 다루면서도 장갑 하나 없이 일하는 이들의 손은 거칠게 갈라져 있었다. 몇몇은 묵묵히 일을 했고, 어떤 이는 짧게 대화를 나누며 웃기도 했지만, 대체로 모두 일에만 집중하고 있었다.

한참 동안 그 장면을 바라보며 여러 감정이 교차했다. 이곳은 단순한 세탁소가 아니라, 세대를 이어 가며 전통을 지켜온 공간이자 수많은 사람들이 생계를 유지하는 삶의 터전이다. 그러나 동시에, 기계화가 보편화된 시대에도 여전히 손빨래를 해야만 하는 현실이 안타까웠다.

돌아서는 순간까지도 도비 가트의 풍경을 잊을 수 없었다. 힘찬 빨래 내려치는 소리, 공기 중에 퍼지는 비누 거품 냄새, 햇빛에 반짝이는 젖은 천, 그리고 그 속에서 묵묵히 일하는 사람들의 모습들은 이 도시의 화려한 겉모습 뒤에 숨겨진 또 다른 현실을 깊이 새겨 주었다.

옥트로이 세(Octroi Tax)

인도 뭄바이의 '옥트로이 세'는 도시 경계를 넘어 들어오는 모든 물품에 부과되던 지방세로, 브리한 뭄바이 시정부(BMC)의 주요 재정 수입원이었다. 이 세금은 뭄바이 외곽에 설치된 나비 뭄바이의 옥트로이 체크 포스트에서 징수되었으며, 생활용품부터 산업 원자재까지 다양한 품목에 적용되었다.

인도 나비뭄바이 옥트로이 체크포인트

물품의 종류와 가치에 따라 세율이 다르게 책정되었고, 기업과 개인 모두 반드시 납부해야 했다. 옥트로이 세는 도로 건설, 공공 서비스, 인프라 개선 등 도시 운영을 위한 중요한 재원으로 활용되었으나, 물류비용 증가와 행정 절차의 복잡성을 초래했으며, 징수 과정에서 부패와 불법 행위가 발생하는 문제도 있었다.

인도 뭄바이에서 두 개의 건설 프로젝트를 수행하면서 이 옥트로이 세로 인해 물류 관리에 큰 어려움을 겪었다. 현장에서 사용될 주요 장비와 자재가 예상보다 늦게 도착하는 일이 자주 발생했는데, 그 이유는 운송 트럭이 도시 외곽의 옥트로이 체크 포스트에서 세금 문제로 발이 묶였기 때문이다. 사전에 필요한 비용을 준비했음에도 담당 관료가 추가 서류를 요구하며 처리를 지연시켰고, 결국 프로젝트 일정에 차질이 생겼다. 두 현장 공히 중요한 건축 자재가 뭄바이로 들어오는 과정에서 여러 번 세금 문제로 중단되었으며, 때로는 예상하지 못한 '비공식 비용'을 지불했다.

또한, 옥트로이 체크 포스트에서 대기하는 동안 일부 자재가 사라지는 일도 발생했다. 특히, 가공된 철근을 현장에 반입하기 전에 공장에서 발행한 송장에는 기재되어 있으나, 실제 현장에서 수령할 때 일부 철근이 누락된 경우가 종종 있었다. 이는 운송 과정 중 누군가가 체크 포스트에서 대기 중인 트럭에서 철근을 빼돌리는 일이 있었기 때문으로 추정된다.

이러한 불편함과 비효율성은 인도 정부의 세금 개혁 움직임과 맞물리며 점차 사라지게 되었고, 마침내 2017년 7월 1일 물품 및 서비스세

(GST) 도입과 함께 옥트로이 세는 완전히 폐지되었다.

현재는 더 이상 운영되지 않으며, GST가 이를 대체하여 전국적으로 통합된 세금 시스템을 구축함으로써 물류 이동이 원활해지고 기업들의 행정 부담이 줄어드는 등의 긍정적인 변화가 나타났다. 하지만 옥트로이 세 폐지로 인해 뭄바이 시정부의 주요 재정 수입원이 사라지면서, 부동산세, 도시 개발세, 도로세 등 대체 수입원을 통해 재정을 보완하는 방식으로 전환되었다.

옥트로이 세는 이제 과거 인도의 지방세 시스템을 이해하는 중요한 사례로 남아 있으며, 도시 발전과 세금 제도의 변화가 경제와 행정에 미치는 영향을 보여 주는 대표적인 사례로 평가된다.

인도 유니언(노동조합)

2012년 인도 뭄바이 윌리 프로젝트의 골조 공사 착수와 함께 철근 반입이 본격화될 무렵 철근 shop drawing에 따라, 가공 철근은 주로 뭄바이 외곽에 위치한 철근 가공 공장에서 제작되어 현장으로 들어왔고, 가공이 필요 없는 12m 길이의 장 철근은 직접 철근 제조업체로부터 납품을 받았다.

2011년 12월 철근 운반 트레일러 운전수의 휴식

그런데 장 철근 반입이 시작된 지 얼마 되지 않아 갑자기 지역 유니온 사람들이 현장에 들이닥쳐 자신들이 철근 하역을 담당해야 한다고 주장하며, 이를 수용하지 않으면 공사를 중단시키겠다는 식의 협박을 하였다.

뭄바이 현지 업체의 작업장에서 철근을 쇠톱으로 자르는 모습

장 철근은 일반적으로 공장에서 각각 2톤 단위로 포장되어 출고한 뒤 트레일러에 실려 오면, 현장에서는 크레인을 사용해 하역장소에 내리는 방식인데, 만약 유니온 측에서 주장한 대로 인력을 동원해 철근을 한 가닥씩 수작업으로 내리게 된다면, 공사 기간은 터무니없이 늘어나게 되고 전체 일정에 심각한 차질을 초래할 수밖에 없었다.

이런 상황을 방치할 수 없어서 현지인 협상 담당을 통해 유니온 측과 협상을 벌였고, 그들이 하역 작업에 직접 참여하지 않는 대신, 하역 철근 물량의 톤당 일정 금액을 지불하는 것으로 합의하였다. 이는 말 그대로 '눈 뜨고 당하는' 형식의 강제 지불로, 애초에 예산에 반영되어 있지 않은 비용이었으며, 인도 건설 시장에서 외국 업체가 흔히 겪게 되는 일종의 수업료이자 통과의례처럼 여겨지는 부조리였다.

이러한 유니온의 행태는 단순한 이권 개입을 넘어 현지 노동 시장에 뿌리 깊이 박혀 있는 비합리적인 구조와 결부되어 있다. 명분상으로는 인도 정부의 '자국민 우선 고용정책'과 '지역 기반 노동 보호법'을 근거

2012년 2월 타워크레인을 이용한 철근 하역

로 내세우지만, 실제로는 외지에서 온 업체나 외국 기업을 상대로 지역 유니온이 과도한 권한을 행사하고 부당한 이익을 챙기는 수단으로 변질된 사례이다.

이러한 유니온들은 노동자의 권리를 보호하기보다 특정 인물 혹은 집단의 영향력 유지 수단으로 기능하고 있으며, 신규 진입 기업이든 오랜 기간 인도에 기반을 둔 기업이든 상관없이 그들의 '룰'에 순응할 것을 강요받는다. 심지어 유니온과의 협상이 길어지면 공사가 강제로 중단되거나, 장비 반입이 막히는 등 물리적 위협이나 암묵적 방해가 뒤따르기도 한다.

문제는 이러한 불합리함이 단발성 해프닝이 아니라, 인도 전역에서 빈번하게 발생하며, 지방마다 유니온의 성격과 요구가 다르기 때문에 중앙정부의 규제나 개입도 제대로 작동하지 않는다는 점이다.

특히 대도시일수록 유니온의 조직력은 더욱 견고하며, 시공사의 의지나 논리만으로는 대응이 어렵다.

따라서 인도에서의 공사를 준비하면서 이런 부조리도 하나의 '리스크 요인'으로 미리 인식하고, 사전 협상과 지역 커뮤니티와의 관계 구축, 예산 외 별도의 유연성 자금 확보 등을 통해 대응 방안을 마련하는 것이 필수적이라는 교훈을 얻었다. 결국 이 모든 경험은 인도라는 나라의 '문화적, 제도적, 비공식적 현실'을 체감하게 해 주는 값비싼 학습 과정이었던 셈이다.

뭄바이 공공 병원 응급실

2012년 인도 월리 현장에서 근무하던 중, 현지 직영 목수 반장이었던 Mr. 야다브가 말라리아에 걸려서 공공 병원의 응급실로 실려 갔다. 공사팀장으로서 문병을 가야겠다는 생각이 들어서 일요일에 다른 직영 반장들과 함께 그가 입원해 있다는 병원을 방문하였다.

인도 뭄바이 KEM 공공 병원

병원에 도착하자마자 마주한 광경은 충격적이었다. 응급실 입구부터 인파로 가득 찼고, 병상 주변에서 간절한 눈빛으로 환자를 바라보는 보호자들로 모든 것이 혼란스러웠다. 건물 내부로 들어서면서, 상상했던 '응급실'의 개념과는 완전히 다른 광경이 펼쳐졌다.

드넓은 공간 한가운데, 수십 개의 병상이 일렬로 끝없이 늘어서 있었다. 영화에서나 봤던 2차 세계대전 당시 야전병원의 모습과 다를 바 없었다. 각 병상에는 환자들이 누워 있었고, 의료진이 분주히 돌아다니고 있었다. 응급실이라기보다는 전쟁터의 야전 병동 같았다.

뭄바이 KEM 병원

Mr. 야다브 반장은 그 수많은 병상 중 한 곳에 누워 있었다. 직원들이 댕기열에 걸려 문병을 간 적은 많았지만, 말라리아로 입원한 경우의 문병은 이번이 처음이었다. 그는 고열과 심한 한기로 몸을 떨어서 손과 발이 묶여 있는 상태였다. 링거가 꽂혀 있었고, 주변에는 약병,

링거 줄, 사용한 붕대들이 너저분하게 널려 있었다.

간호사들은 쉴 틈 없이 환자들을 오갔지만, 그 많은 환자들에게 개별적인 관심을 기울이기엔 역부족이었다.

누구나 출입할 수 있는 개방된 공간에서 보호자들은 환자 곁을 떠나지 못하고 있었다. 위생 상태는 관리가 제대로 되어 보이지 않았고, 바닥에는 치료 도중 버려진 붕대와 피 묻은 거즈들이 여기저기 떨어져 있었다.

문병을 갔던 현지인 동료들은 그를 위로하며 손을 잡았다. "괜찮아질 거야.", "곧 회복할 거야."라고 말을 했고, 그의 조속한 회복을 마음속으로 빌면서 병원을 나섰다.

간절한 바람에도 불구하고 다음날인 월요일 오전 그의 사망 소식을 접하면서, 한 가닥 희망이 무너져 버렸다. 전날 보았던 Mr. 야다브 반장의 모습과 그 거대한 응급실의 풍경이 머릿속을 스쳐 지나갔다.

최첨단 고층 빌딩들이 줄지어 올라가는 이 도시의 한편에서는, 수십 명의 환자들이 2차 대전 야전 병동을 방불케 하는 곳에서 생사를 넘나들고 있었다. 시대가 변했지만, 여전히 너무 많은 사람들이 기본적인 의료조차 보장받지 못한 채 목숨을 잃고 있는 상황에 마음이 무거웠다.

인도 화장실

인도의 화장실 문제는 오랫동안 사회적, 경제적 문제로 자리 잡아 왔다. 인구 14억 명의 국가에서, 여전히 많은 사람들이 화장실이 없는 집에서 살고 있다는 사실은 전 세계적으로도 큰 충격을 주고 있다.

인도 뭄바이 화장실

2019년 기준으로, 인도 전체 인구 중 2억 4천만 명이 아직도 화장실 없이 개방 배설을 하고 있다고 한다. 이는 인도의 도시화가 빠르게 진행되고 있는 상황에서도 여전히 심각한 문제로 남아 있다. 화장실 부족은 단순히 위생적인 문제를 넘어서, 인도의 경제적, 문화적, 사회적 문제와 밀접하게 연관되어 있다.

인도의 시골 지역은 대부분 사람이 충분한 인프라 없이 살아가고 있으며, 특히 화장실은 많은 사람들이 급한 일을 들판이나 후미진 골목, 강가, 해변 등에서 해결한다.

이는 자연스럽게 공공위생 문제를 초래하며, 전염병의 확산과 같은 보건상의 위험을 증가시키기도 한다. 특히 대소변을 거리나 공공장소에서 해결하는 것은 오염된 물을 마시거나, 질병을 퍼뜨릴 위험이 매우 크다. 이는 인도 내에서 위생과 건강 문제를 해결하는 데 큰 도전 과제가 되고 있다.

뭄바이에 살면서 도심에서 벗어난 해안가의 슬럼가에서도 이런 문제를 직접적으로 흔히 경험한다. 아침마다 뭄바이 해변을 산책할 때면, 해안가의 슬럼가 주민들이 해변으로 나와 자갈밭이나 바위 사이에서 자연 화장실을 이용하는 모습을 흔하게 볼 수 있다. 멀리서 보면 볼일을 보고 있는 사람들이 마치 바위나 자갈처럼 보일 정도이다. 이는 비단 뭄바이뿐만 아니라, 인도의 많은 도시와 시골 지역에서 흔히 볼 수 있는 모습이다.

이러한 현상은 인도의 화장실 부족 문제의 일면을 여실히 보여 준다. 화장실이 없는 집에 살고 있는 사람들은 이러한 자연 화장실을 이용할 수밖에 없으며, 이는 생활환경이 열악한 슬럼가에서 더욱 두드러지게 나타난다.

뭄바이 해변에서 용변을 해결하는 사람들

또한, 이런 상황은 주거 환경뿐만 아니라 사회적인 안전망에도 큰 영향을 미친다. 예를 들어, 여성들은 화장실을 이용하기 위해 어두운 새벽이나 밤 시간을 선택해야 하며, 이로인해 범죄와 성폭력의 위험에 노출될 수 있고, 여성과 어린이의 안전을 위협하는 큰 사회적 문제로도 이어진다.

인도 정부는 화장실 문제를 해결하기 위해 여러 차례 정책을 추진해 왔다. 그중 하나가 '스와치 바라트 아브리얀(Swachh Bharat Abhiyan)'으로, 2014년 시작된 이 운동은 화장실 설치를 촉진하고, 위생적인 환경을 조성하는 것을 목표로 한다. 이 운동을 통해 많은 지역에 새로운 화장실이 건설되었고, 사람들이 화장실을 사용할 수 있는 환경을 만들어 가고 있지만, 여전히 많은 지역에서 개선이 필요한 상황이다.

인도의 화장실 문제를 해결하기 위해서는 단순히 시설을 건설하는 것만으로는 부족하다. 올바른 사용법 교육과 지속적인 유지보수, 위생 교육 등이 함께 이루어져야 한다.

뭄바이 해변

지도에서 보면 아라비아 반도와 인도 대륙은 아라비아해를 사이에 두고 있다. UAE 두바이에서 4년, 인도 뭄바이에서 6년 반을 살면서, 바라본 양안의 아라비아해 바닷가 풍경은 극명하게 대조를 이룬다.

UAE 두바이의 해변은 상상할 수 없을 만큼 깨끗하고 잘 관리되어 있으며, 관광객들과 지역 주민들이 여유로운 시간을 보내기에 적합한 장소이다.

2010년 4월 두바이 해변

그 반면, 뭄바이의 해변은 대부분 오염된 바닷물과 쓰레기로 가득 차 있다. 특히, 뭄바이 해변은 각 가정에서 나오는 생활하수, 오수, 축산 폐수, 생활 쓰레기들이 바다로 흘러 들어가면서 바닷물을 오염시키고 있다. 이런 오염은 시간이 지나면서 바닷물뿐만 아니라, 해변 자체도 오염시킨다. 오염된 해변은 마치 거대한 모자이크 그림처럼, 다양한 색깔의 쓰레기와 더러워진 해변 모래가 엉켜 있는 모습이다.

2012년 뭄바이 월리 트윈 타워 프로젝트를 수행하면서 월리 주변의 아파트에서 살았다. 아침저녁으로 산책을 위해 월리 해변을 찾게 되는데 산책로 주변에서 보는 바닷가 풍경과 직접 해변의 구석구석을 보는 모습은 사뭇 달랐다.

2012년 3월 뭄바이 월리 해변

슬럼가가 들어서 있는 월리 해변을 가까이 가 보면 바닷가에 대한 향수가 한순간에 일그러지게 만든다. 해변에 널려 있는 쓰레기들, 특히 플라스틱 쓰레기와 병, 깡통 등의 모습은 큰 충격을 안겨 준다. 마치 버려진 쓰레기들이 해변의 일부인 것처럼, 쓰레기와 오염된 바닷물은 한눈에 봐도 부자연스러워 보인다.

각종 생활하수로 오염된 뭄바이 해변을 늘상 접하면서 인도에 거주하는 동안, 생선요리는 의도적으로 거의 먹지 않았다.

2015년부터 뭄바이 DAICEC Complex 프로젝트를 수행할 때는 웨스트 반드라에 거주하였다. 이곳도 바닷가와 가까웠지만 다행이 월리 해변처럼 해변이 쓰레기로 몸살을 앓고 있지

2012년 6월 인도 뭄바이 월리 해변

는 않았다. 집 가까이 해변에 있는 조거스 파크는 바닷가의 풍경을 배경으로 공원이 잘 가꾸어져 있어서 산책하기에 좋은 공원이다.

뭄바이 시민들이 주로 많이 찾는 대형 해변은 주후 비치와 초파티 비치이다. 남부의 초파티 비치는 살고 있는 아파트와 거리가 멀어서 자주 가 보지는 않았지만, 모래사장이 넓고, 비교적 깨끗한 편이다.

2025년 5월 뭄바이 남부 초파티 해변

하지만 주후 비치는 하수구에서 흘러나오는 온갖 생활하수가 여과 없이 바다로 유입되고, 해변 곳곳에는 밀려온 쓰레기들이 펼쳐져 있는 모습을 그대로 볼 수 있다.

이러한 모습은 단지 특정 지역의 환경문제를 넘어, 기후 변화와 해양 생태계 파괴로 이어지는 지구적 위기의 단면처럼 느껴진다. 그 풍경 앞에서 느끼는 안타까움은, 인간의 무관심과 방치가 결국 지구 전체의 미래를 갉아먹고 있다는 사실을 다시금 깊이 실감하게 한다.

2012년 6월 뭄바이 주후 비치

뭄바이 해변을 비롯한 인도의 많은 바닷가는 여전히 환경 관리와 보호가 미흡한 채 방치되어 있는 실정이다. 이곳의 바다는 수많은 지역 주민들이 일상적으로 오가는 생활공간이기도 하다.

그러나 정작 그들이 쾌적하고 안전한 환경에서 바닷가를 누릴 수 있는 가능성은 낮아 보인다. 자연의 아름다움을 느낄 수 있는 여지는 점점 줄어들고, 사람들은 단순히 그곳에서 살아가는 것조차 쉽지 않은 현실과 마주하고 있다.

나마스테

인도 뭄바이에 살면서, 월리 해변이나 웨스트 반드라 근처의 조거스 파크에서 아침 산책을 했었다.

인도 사람들도 새벽에 산책을 하는 모습은 한국의 여느 동네 모습과 다르지 않다. 그들 속에 유일한 이방인으로 섞여서 함께 산책을 하였다.

아침에 그들을 만나면 상냥하게 인사를 건넸는데 그때 했던 인사말이 '나마스테'이고, 그들도 다정하게 '나마스테'하고 응대해 주었다.

뭄바이 월리 해변 산책로

'나마스테'는 단순한 인사말 이상의 의미를 지닌다. 처음에는 가볍게 입에 올리던 인사였지만, 시간이 흐를수록 그 안에 담긴 정신적 깊이와 따뜻한 울림이 서서히 마음에 스며들었다.

어원을 살펴보면, 산스크리트어에서 유래한 '나마스테'는 세 부분으로 이루어져 있다. '나마(namah)'는 '절하다' 또는 '경배하다', '아스(as)'는 '나', '테(te)'는 '너'를 의미한다. 이 세 요소가 결합되어 "당신께 경의를 표합니다" 또는 "내가 당신께 인사드립니다"라는 뜻이 된다. 그러나 실생활에서 오가는 이 인사 속에는 단순한 인사 이상의, 상대방 존재에 대한 존중과 연결의 마음이 담겨 있다.

인도의 인사에는 말뿐 아니라 몸짓이 함께 따르는 경우가 많다. '나마스테'는 대개 양 손바닥을 가슴 앞에서 맞대는 '아누잘리 무드라(Anjali Mudra)'와 함께 사용된다. 이 동작은 전 세계 요가와 명상 수행자들 사이에서도 널리 알려져 있으며, 겸손, 존경, 통합의 상징으로 여겨진다. 합장하는 손의 위치는 보통 가슴 중앙, 즉 '하트 차크라(Anahata Chakra)'의 자리에 둔다. 하트 차크라는 힌두 전통에서 사랑, 연민, 조화, 내면의 평화를 관장하는 에너지 중심으로, 여기서 나오는 인사는 단순한 예절이 아니라 영적 연결의 표현이다.

이러한 인사 속에는 자신 안의 신성이 상대방 안의 신성을 알아보고, 그 존재 자체를 존중한다는 의미가 담겨 있다. 따라서 '나마스테'는 인간 대 인간, 영혼 대 영혼의 만남을 존중하는 철학적 인사로 여겨진다. 이 때문인지, 말보다는 몸짓과 눈빛을 통해 전해지는 그 인사의 힘이 더욱 진하게 다가온다.

때때로 뭄바이의 산책길에서 마주친 현지인들은 '나마스테, 하리옴'이라고 인사를 건넨다. 이중 '하리옴(Hari Om)'은 힌두교 전통에서 신성한 인사말이자 진언(Mantra)으로도 쓰인다. '하리(Hari)'는 주로 비슈누(Vishnu)나 그의 화신 크리슈나(Krishna)를 지칭하며, 세속의 번뇌를 없애는 존재로 여겨진다.

한편 '옴(Om)'은 힌두교에서 가장 근원적인 소리, 우주의 창조와 유지, 파괴를 모두 상징하는 음절로, 거의 모든 진언의 시작이자 끝에 사용된다.

'하리'와 '옴'이 결합된 '하리옴'은 신에게 자신을 맡기는 경건함, 우주의 질서에 조화를 이루려는 내면의 의지를 담은 축복의 말이다. 많은 사람들이 이 짧은 음절을 기도, 명상, 또는 일상 속 인사말로 반복하며 집중과 평화를 구한다.

뭄바이 산책로에서 익숙하게 들었던 '나마스테'와 '하리옴'이라는 인사는, 낯선 이에게조차 경계 없이 다가서는 따뜻한 환대였다. 말 한마디, 손동작 하나에 깃든 환영과 존중의 마음은 낯선 도시를 금세 익숙한 마을처럼 느끼게 했다.

이방인에게도 주저 없이 인사를 건네는 그들의 모습은 마치 오래된 이웃처럼 정겹고도 깊은 인상을 남겼다.

뭄바이 밀크 콜로니(colony)

인도 뭄바이 근교의 밀크 콜로니 지역은 숲이 우거져서 휴일 산책을 위해 자주 찾는 장소 중 한 곳이다. 이곳에는 '밀크 콜로니'라는 마을 이름답게 대규모 축산 농가들이 자리 잡고 있다. 이곳은 인도에서 소를 숭배하는 신앙과는 무관하게 우유를 생산하는 대규모 축사 단지들이 있는데 축사의 위생 상태는 매우 열악한 편이다.

2011년 5월 인도 뭄바이 밀크 콜로니 축산 농가

축산 폐수나 오물들이 제대로 처리되지 않고 주변 환경으로 흘러 나가면서, 농장 주변은 악취가 풍기고, 축산 폐수는 그대로 흘려 내보낸다. 이러한 상황에서 소들이 생활하는 공간은 비위생적이고, 질병에 노출될 위험이 커 보였다.

뭄바이 밀크콜로니

또한, 이러한 비위생적인 상황은 단순히 축산 농가 내의 문제를 넘어 환경오염의 주범이다. 축산 폐수나 농업 화학 물질들이 자연 속으로 배출되면서, 지역의 지하수나 하천, 그리고 해양 생태계까지 영향을 미치게 된다.

이와 같은 문제들은 인도 축산업이 직면한 복잡한 현실을 보여 준다. 소를 신성시하는 문화 속에서도, 축산업의 성장은 경제적인 압박과 밀접하게 연결되어 있다. 하지만 이 경제적 필요를 충족시키기 위해 환경적 책임을 외면한다면, 결국 모든 지역사회와 환경에 악영향을 미치게 될 것이다.

뭄바이 재래시장

인도의 재래시장은 마치 하나의 살아 있는 유기체처럼 끊임없이 움직이며 혼돈과 활기가 공존하는 공간이다.

2011년 5월 뭄바이 월리 재래시장

좁은 골목길을 따라 끝없이 늘어선 가게들과 거리 한복판을 차지한 가판대들은 공간을 가득 메우고 있으며, 시장을 찾은 사람들은 그 틈을 비집고 다니며 물건을 고르고 흥정하는 모습을 쉽게 볼 수 있다. 사람들의 소리, 물건을 부르는 상인의 외침, 바퀴 달린 손수레를 밀고 가는 행상인들의 고함이 뒤섞이며 귀를 자극하고, 형형색색의 상품들이 시선을 사로잡아 어디를 봐야 할지 모를 정도로 복잡하면서도 생동감 넘치는 분위기를 만들어 낸다.

2011년 5월 뭄바이 월리 재래시장

이곳에서는 우리나라의 1960~70년대 재래시장을 연상시키는 풍경이 펼쳐진다. 가게 안에서도 물건을 팔지만, 길 한복판에서도 수많은 노점상들이 좌판을 펼치고 손님들을 맞이하고 있어, 걷는 것조차 쉽지 않을 정도로 시장 전체가 인파로 북적인다. 물건을 사려는 사람들과 구경하는 사람들이 뒤섞이면서 발 디딜 틈 없는 시장 골목이 형성되는데, 이런 모습은 특히 장날이 되면 더욱 두드러진다.

판매되는 물건의 종류 또한 매우 다양하다. 싱싱한 야채와 과일이 산더미처럼 쌓여 있고, 형형색색의 향신료가 진열된 가게에서는 강한 향이 풍겨 나온다. 값싸고 실용적인 의류, 전통의상, 액세서리, 그리고 신발과 가방 같은 생활용품도 흔하게 볼 수 있으며, 장난감이나 주방용품, 가정용 전자기기까지 팔고 있어 없는 게 없다고 할 정도다.

또한 닭이나 염소를 현장에서 직접 잡아 판매하는 정육점이 곳곳에 자리 잡고 있으며, 도축 후 즉시 손질된 신선한 육류를 구매하려는 손님들로 붐빈다.

뭄바이의 월리 해변 마을의 시장에서는 해산물을 판매하는 상점들도 많이 있다. 갓 잡아 올린 생선과 새우, 게, 오징어 등을 바구니에 담아 내놓고 손님들과 흥정하는 모습은, 어릴 적 어머니를 따라갔던 시골 장터의 풍경을 떠올리게 한다. 상인들은 신선도를 강조하며 활기차게 손님을 맞이하고, 손님들은 물건을 고르며 가격을 흥정하는데, 이 모든 과정이 빠르게 이루어지면서 시장의 역동성이 더욱 극대화된다.

이와 더불어, 인도의 재래시장은 단순한 상거래의 공간을 넘어 문화적 교류와 사회적 소통의 장으로 기능하기도 한다. 많은 사람들이 일상의 일부로 시장을 찾고, 친구나 이웃과 만나 안부를 나누기도 하며, 간단한 길거리 음식을 사 먹으며 여유를 즐기는 모습을 볼 수 있다.

곳곳에서는 사모사(Samosa), 빠니뿌리(Pani Puri), 짜이(Chai) 같은 인도 길거리 음식들이 팔리고 있다.

그러나 이러한 활기와 생동감 이면에는 위생 문제나 교통 혼잡 같은 현실적인 문제들도 존재한다.

2011년 5월 뭄바이 월리 재래시장

많은 재래시장에서는 정돈되지 않은 쓰레기와 오물들이 그대로 방치되거나 길거리에서 음식이 위생적으로 관리되지 않는 경우도 흔하다. 하지만 이러한 혼돈 속에서도 인도 재래시장은 여전히 사람들의 삶과 밀접하게 연결된 공간으로, 수많은 상인과 소비자들로 활력이 넘쳐난다.

도시락 배달 서비스

인도 뭄바이에서 도시락 배달 서비스는 단순한 물류를 넘어, 하나의 문화이자 전통 산업으로 자리 잡고 있다.

한국이 음식은 물론 각종 생활 물품에 이르기까지 정교하고 빠른 배송 시스템을 갖춘 '배달 문화의 선도국'이라면, 인도는 도시락 배달의 정수라 할 수 있는 '다바왈라(Dabbawalla)' 시스템을 통해 일상의 질서를 유지하고 있다. 특히 뭄바이에서는 이 전통적인 도시락 배달 체계가 수십 년간 정교하게 운영되며 세계적인 관심을 끌고 있다.

BKC지역의 배달을 앞두고 있는 런치박스

인도 뭄바이에서 진행된 두 번째 프로젝트는 신흥 다운타운 지역인 B.K.C(Bandra Kurla Complex)에 위치하고 있다. 이곳은 서울의 여의도처럼 오피스가 밀집한 지역으로, 수많은 직장인들이 이곳으로 출근하기 때문에 점심때가 되면 여기저기서 도시락 배달 서비스를 하는 모습을 흔하게 볼 수 있다.

인도인들은 외식을 즐기기보다는 집에서 직접 만든 음식을 선호하는 문화가 강하기 때문에, 직장인들은 아침에 집에서 음식을 준비해 도시락을 싸 두고, 이를 '다바왈라'들이 수거해 각자의 직장으로 배달하는 방식이 자연스럽게 정착되었다. 이 과정에서 배달원들은 특정한 지역과 고객을 담당하여 정해진 시간에 집 앞에 놓인 도시락을 회수하고, 철저한 물류 시스템을 통해 정확한 사무실로 배달한 후, 점심시간이 끝난 뒤에는 다시 도시락을 수거하여 원래 가정으로 돌려보낸다.

'다바왈라'라는 명칭은 힌디어에서 '다바(도시락)'와 '왈라(~하는 사람)'의 합성어로, 직역하면 '도시락을 나르는 사람'이라는 뜻이지만, 인도에서는 단순한 배달원이 아니라 정교한 시스템을 운영하는 전문가로 인식된다.

이들은 대부분 세대를 이어가며 이 일을 수행하는 전문 배달원들로 구성되어 있으며, 1890년대 영국 식민지 시대부터 형성된 전통적인 시스템을 지금까지도 유지하고 있다. 당시 영국계 회사에서 일하는 인도인들이 회사에서 제공되는 식사에 익숙하지 않아, 자신이 선호하는 집밥을 도시락으로 가져가기 위해 사람을 고용한 것에서 시작된 이 서비스는 이후 체계적인 조직을 갖추며 하나의 독립적인 산업으로 발전했다.

가장 놀라운 점은 '다바왈라'의 운영 방식이 100% 수작업으로 이루어진다는 것이다. 현대적인 스마트 기술이나 전산 시스템 없이, 오로지 사람의 손과 경험을 바탕으로 도시락을 배달하지만, 배달 사고율은 거의 0%에 가깝다. 이들은 색깔과 기호로 구성된 독자적인 코드 시스템을 사용하여 도시락의 출발지와 도착지를 구분하며, 철저한 시간 관리와 조직적인 움직임을 통해 혼란 없이 수천 개의 도시락을 정확히 배달한다.

이 도시락 배달 시스템은 국제적으로도 높은 평가를 받아, 하버드 비즈니스 스쿨에서 연구 사례로 소개되었고, 포브스에서도 '세계에서 가장 정교한 물류 시스템 중 하나'로 인정한 바 있다.

인도 영화 〈런치박스〉에서는 '다바왈라' 배달 과정이 주요한 소재로 등장하는데, 한 번의 실수로 인해 잘못 배달된 도시락이 두 사람의 인연을 만들어 가는 이야기를 그리고 있다.

그러나 현실에서는 이러한 실수가 거의 발생하지 않는다는 것이 인도인들의 자부심이다.

이처럼 '다바왈라' 시스템은 단순한 도시락 배달을 넘어, 인도의 사회적 유대와 전통을 반영하는 하나의 문화로 자리 잡고 있으며, 현대적인 배달 서비스가 확산되는 상황에서도 여전히 높은 신뢰를 받으며 유지되고 있다.

인도 영화 Lunch Box 포스터

인도 몬순

　인도의 몬순은 5월 말부터 시작해 9월 말까지 이어지며, 이 시기 동안에만 집중적인 강우가 내려 도시의 풍경과 생활에 커다란 변화를 가져온다.

2011년 6월 인도 뭄바이 몬순 시즌

　뭄바이의 월리 현장과 다이섹 현장에서는 본격적인 몬순이 시작되기 2~3개월 전부터 몬순 대비 작업이 진행되었는데, 현장의 여러 구역을 파란색 타포린 시트로 덮어 비막이 공사를 실시했다. 이 공사는 몬순 전에 완료되어야 했고, 이는 비바람으로 인한 피해를 최소화하기 위한 필수적인 조치였다.

특히 뭄바이에는 간이 슬레이트 지붕으로 덮은 슬럼가가 많아, 매년 몬순 시즌이 오기 전에 이곳의 주민들도 자신의 집을 집중 호우로부터 보호하기 위해 파란색 타포린 시트를 덮는다. 그 결과 도시의 지붕들은 온통 파란색으로 뒤덮인다.

이러한 모습은 마치 인도 북부 자이푸르를 '핑크시티'라고 부르는 것처럼, 몬순 전의 뭄바이를 '블루시티'라고 농담 삼아 부르곤 했다.

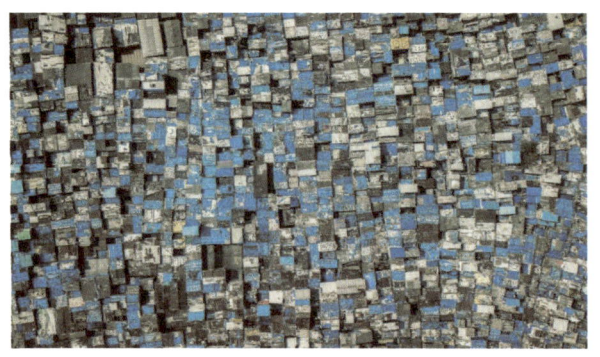

뭄바이 슬럼가 지붕을 몬순 전 타포린으로 덮은 모습

몬순이 다가오면 뭄바이 시 당국도 대비에 나선다. 도로의 맨홀에 쌓인 침전물과 쓰레기를 제거하는 작업이 시작되는데, 이는 몬순이 시작되었을 때 맨홀이 제 기능을 할 수 있도록 하기 위한 조치였다. 하지만 걷어 올린 침전물과 쓰레기 더미는 신속하게 치워지지 않고 도로변에 오랫동안 방치되는 경우가 많아, 악취를 풍기며 보행자와 차량의 이동을 방해하는 또 다른 문제를 만든다.

인도 몬순

본격적인 몬순이 시작되면, 뭄바이의 거리와 건물 곳곳에 쌓여 있던 쓰레기들이 비바람에 쓸려 도로로 밀려 나오고, 결국 빗물과 함께 하수구를 따라 흘러가면서 일종의 '자연 청소'가 이루어지는 아이러니한 광경이 펼쳐진다.

하지만 이 과정에서 도시를 떠돌던 쓰레기들은 결국 바다로 흘러 들어가고, 몬순이 끝날 무렵이면 해안가의 모래사장은 형형색색의 쓰레기들로 뒤덮인다.

플라스틱 봉지, 헌 옷 조각, 폐목재 등이 뒤섞인 모자이크 같은 풍경이 펼쳐져, 발을 디딜 틈조차 없을 정도로 해변은 심각한 오염 상태가 된다. 결국 몬순이 가져온 '청소 아닌 청소'는 쓰레기를 수거하는 것이 아니라, 오히려 그것을 바다로 떠미는 역할을 할 뿐이다.

2011년 6월 인도 뭄바이 몬순 시즌

이러한 혼란 속에서도 몬순이 주는 긍정적인 변화도 있다. 장기간 계속되는 강우로 인해 공기 중에 쌓여 있던 오염된 기류가 씻겨 내려가면서, 이 시기만큼은 공기가 맑아지고 숨쉬기가 한결 수월해진다. 평소에는 대기오염지수가 높은 인도에서 몬순 기간 동안 만큼은 오염도가 낮아져, 공기가 깨끗해지는 유일한 시기가 된다.

또한 몬순이 시작되면 건조하고 황량했던 풍경이 한순간에 변모하며, 메마른 땅에 생기가 돌기 시작한다. 나무들은 더욱 짙은 초록빛을 띠고, 도심 곳곳에 있는 가로수들은 빗물을 머금고 싱그러움을 되찾는다. 특히 도시 외곽의 숲과 언덕들은 비를 머금고 더욱 풍성해지며, 평소에는 보이지 않던 작은 연못들이 형성되는 등 자연이 되살아나는 모습을 보게 된다.

몬순의 격렬한 비바람 속에서 도시의 생활은 불편해지지만, 아이러니하게도 이 장마는 대기를 정화하고, 황량했던 자연에 생명을 불어넣으며, 인도 특유의 강렬한 계절 변화를 온 몸으로 체감하게 만드는 중요한 역할을 한다.

결국 몬순 시즌은 인도에서 필연적으로 겪어야 하는 거대한 자연현상이자, 혼돈과 정화가 동시에 이루어지는 역설적인 계절이다. 도시의 풍경은 블루시티에서 시작해 빗속의 회색빛을 거쳐, 마지막에는 초록으로 물들며 새로운 계절을 맞이하게 된다.

댕기열

　인도에서 몸이 아파 병원에 가서 의사에게 아픈 증상을 말하면 해당 의사로부터 가장 많이 듣는 말이 'unknown virus'이다. 바이러스에 의한 질병이지만 무슨 바이러스인지는 잘 모르겠다는 뜻이다. 그 정도로 인도에서 살면서 무슨 병인지도 모르고 아파 본 적도 많고, 병원에도 여러 번 갔다. 그런데 몇 가지 질병 중에 증세가 확실하고 인도에서 비교적 전문가가 많은 게 댕기모기에 의한 '댕기열'이다.

　병원에서 피검사를 해 보면 금방 '댕기열'이라고 판단을 해 준다. 이처럼 병명의 판단은 확실하고 빠른 편이지만 치료 약은 마땅치가 않아서 보통 일주일 이상 호되게 앓다가 퇴원하게 된다. 특히 고열과 함께 이불을 몇 겹으로 덮어쓰고도 치아가 아플 정도로 오한을 느끼게 되고, 엄청난 근육통과 두통에 잠을 이룰 수가 없다. 며칠 지나면 온몸에 붉은 반점이 생기기 시작한다. 퇴원 후에는 기력 쇠퇴 등 후유증이 심하다.

　속설에 의하면 댕기 모기는 일반모기들에 비해 오히려 오염된 물보다는 맑은 물을 좋아한다고 한다. 특히 몬순 시즌에 매일 비가 오면서 대체로 맑은 빗물이 새롭게 고이기 때문에, 몬순 시즌에 극성을 부리게 되고 댕기 모기에 더욱 많이 노출되게 된다. 또한 개개인의 인체에

체력이 떨어지거나, 감기 등으로 전체적인 면역력이 약할 때 댕기 모기에 걸리면 '댕기열'에 걸릴 확률이 높다.

한국인 직원 대부분이 한번 또는 두 번씩 '댕기열'에 걸려 정말로 혹독한 고통을 경험하였고, 댕기열에 걸렸던 직원들은 댕기열의 고통에 대해 고개를 설레설레 흔들 정도로 고통이 심하고, 다 나은 뒤에도 그 후유증이 짧게는 몇 주, 길게는 몇 달씩 기운이 떨어지고 체력이 저하되는 현상을 경험하게 된다. 평소 건강했던 직원들도 '댕기열'로 고생한 후로 다리가 후들 후들거린다고 말할 정도이다.

댕기열의 확실한 예방은 댕기모기에 물리지 않는 것이다. 확실한 치료제나 예방백신이 없기 때문에 긴소매 옷으로 무장하고, 최대한 모기에 물리지 않도록 주의해야 한다.

댕기열은 일반모기와 다른 외관상의 특징을 갖는 댕기 모기에 물렸을 때 걸리는 병이라고 확실히 알고 있다. 그래서 흔히 몸통에 줄무늬가 있는 댕기 모기를 '아디다스 모기'라고 부른다.

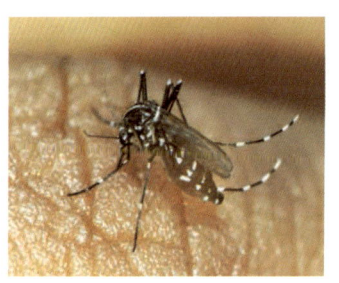

몸통과 다리에 흑백의 줄무늬가 특징인 댕기모기

몬순 시즌에 건설 현장에서는 지하층 맑은 물이 고여 있는 곳에 주로 서식하는데, 현장 지하층에 갈 때에는 답답하더라도 거의 완전 무장에 가깝게 싸매고 들어간다. 그렇다 하더라도 확률적으로 지하층에 상주하는 시간이 많은 공사팀 직원들이 댕기에 걸리는 확률이 사무실에 근무하는 직원들보다 훨씬 높았다.

  댕기열에 두 번 이상 걸리면 죽을 수 있다는 공포스런 루머도 있으나 한국인 직원 중에 2번 이상 댕기열에 걸렸던 직원들도 여럿 있었다.

  피검사로 항체를 확인할 수 있는데 이전에 뎅기열에 걸렸었거나 뎅기열 모기에 여러 번 물린 경우 뎅기 출혈열이나 뎅기 쇼크 증후군이 발현할 수도 있다고 한다.

  인도 뭄바이의 건설 현장에서 현장소장으로 근무하면서, 댕기열로 외국의 병원에 입원해 고통받던 직원들을 수도 없이 병문안 갔던 기억이 생생하다.

5

인도 먹거리

차파티, 난과 커리

인도에 살면서 자주는 아니지만 어쩌다가 호텔에서 인도 음식으로 외식을 하는 경우에는 주로 갈릭 난과 치킨 커리를 곁들인 식사를 하였다.

인도의 대표적인 빵인 차파티와 난은 모두 밀가루를 주재료로 하지만 그 기원, 조리 방식, 질감, 먹는 방식에서 뚜렷한 차이를 보인다.

차파티는 인도 가정식에서 거의 매일 등장하는 담백한 비발효 빵으로, 통밀가루에 물과 소금을 넣어 반죽한 뒤 기름 없이 팬 위에서 얇게 구워 낸다. 반죽에 발효 성분이 들어가지 않기 때문에 만들기가 간단하고 소화가 잘 되며, 지방 함량이 낮아 건강식으로도 선호된다.

갈릭 난과 치킨 커리　　　　　　차파티

차파티는 주로 북인도 지역에서 아침, 점심, 저녁을 막론하고 즐겨 먹으며, 다양한 커리나 채식 요리와 곁들여 먹는다.

반면 난은 일반적으로 레스토랑이나 특별한 날에 먹는 발효빵으로, 흰 밀가루에 이스트나 베이킹파우더, 요구르트, 우유, 소금 등을 넣어 부드럽고 쫄깃한 반죽을 만든 뒤, 전통적인 화덕인 '탄두르'에서 높은 온도로 단시간에 구워 낸다. 그 결과 도톰하면서도 가장자리는 바삭하고 안은 촉촉한 식감이 특징이며, 표면에는 마늘, 버터 등을 바르거나 치즈, 감자 등을 속에 넣어 다양하게 즐긴다.

2025년 5월 마살라 치킨 커리와 갈릭 난

인도에서 차파티와 난은 '커리(curry)'와 곁들여 먹는 것이 기본이다. 여기서 말하는 커리는 특정 요리가 아니라, 다양한 향신료(masala)를 섞어 만든 양념 베이스에 따라 조리되는 수많은 종류의 국물 요리나 볶음 요리를 아우르는 말이다.

예를 들어 렌틸콩을 끓인 담백한 달(Dal), 병아리콩을 매콤하게 끓인 찬나 마살라(Chana Masala), 시금치와 인도 치즈 파니르가 들어간 팔락 파니르(Palak Paneer), 진한 크림과 토마토 소스 베이스에 양념한 닭고기를 넣은 버터 치킨이나 치킨 티카 마살라 등이 있다.

치킨 커리

이러한 커리는 빵에 찍어 먹거나 싸서 먹는 방식으로 즐기며, 커리의 농도와 맛은 지역에 따라 다양하게 발전해 왔다.

한편, 인도의 식문화는 지역에 따라 주식이 뚜렷하게 나뉘는데, 북인도는 밀을 주로 재배하므로 차파티, 난, 푸리(puri), 파라타(paratha) 등의 밀가루 음식이 주식이다.

반면 남인도, 동인도, 북동부 지방은 벼농사가 중심이기 때문에 쌀이 주식이며, 이를 이용한 바트(일반 밥), 비리야니(향신료와 고기를 넣은 볶음밥), 도사(쌀과 렌틸을 발효시킨 크레페), 이들리(쌀과 렌틸을 찐 떡) 등을 주로 먹는다.

이처럼 밀가루 기반의 빵과 쌀밥은 인도의 기후, 농경 환경, 문화적 특성에 따라 뚜렷하게 구분되며, 그것과 함께 먹는 커리나 반찬의 종류도 지역별로 다르다.

북인도에서는 진하고 기름진 커리가 많고, 남인도는 코코넛 밀크를 베이스로 한 가벼운 커리와 샴바르(sambar), 라삼(rasam) 같은 국물이 발달했으며, 식사 후에는 요구르트나 버터밀크, 다양한 피클, 달콤한 디저트까지 곁들이는 것이 일반적이다. 이러한 풍부한 구성은 인도 식문화의 다양성과 깊이를 그대로 보여 준다.

마살라

인도를 이해하려면 반드시 마살라를 알아야 한다. 마살라는 단순한 향신료가 아니라, 인도의 음식문화와 일상, 나아가 철학과 정신까지 고스란히 담고 있는 '혼합된 향신료'의 예술이다.

힌디어에서 유래한 이 단어는 '섞다'라는 의미를 가진 동사에서 파생되었으며, 그 본질은 다양한 향신료를 적절한 비율로 조화시켜 하나의 새로운 풍미를 창조하는 데 있다.

25년 5월 뭄바이 크로포드 마켓 마살라

인도에서는 요리를 시작할 때 가장 먼저 생각하는 것이 이 마살라이고, 그 종류와 조합은 수백 가지에 달한다. 지역마다 가정마다 심지어 같은 지역의 옆집만 가도 그 마살라의 구성은 달라진다. 바로 이 다양성과 유연함이 인도 음식의 복잡한 향과 맛을 결정짓는 핵심 요소이며, 동시에 인도의 문화적 다원성과 철학적 깊이를 상징하는 상징물로 기능한다.

2025년 5월 뭄바이 크로포드 마켓 마살라 샵

마살라는 형태에 따라 크게 세 가지로 나뉘는데, 첫째는 가루 형태의 마살라로, 가장 일반적이고 요리에 직접 뿌려 사용된다. 대표적인 예가 가람 마살라(Garam Masala)로, '뜨거운 향신료'라는 의미를 지닌다. 이는 실제로 음식의 온도를 높인다는 의미보다는 몸을 따뜻하게 해 주는 성질의 향신료를 혼합했다는 의미로, 정향, 계피, 카다멈, 후추, 커민, 고수씨 등이 들어간다.

보통 요리의 마지막 단계에 넣어 향을 극대화하며, 그 쓰임새는 커리뿐 아니라 볶음, 튀김, 심지어는 달걀 요리나 야채요리에도 다양하게 확장된다.

둘째는 페이스트 형태의 마살라이다. 이는 마늘, 생강, 고추, 양파 등 생 재료에 향신료를 더해 갈아 만든 것으로, 기름에 볶아 요리의 베이스를 만든다. 특히 남인도나 벵골 지역에서 이 형태의 마살라가 많이 사용되며, 음식에 깊은 풍미와 점성을 부여한다.

셋째는 통 향신료를 조합한 형태로, 요리의 시작 단계에서 기름에 볶아 향을 내는 방식으로 활용된다. 겨자씨, 커리잎, 말린 고추, 통 정향 등을 뜨거운 기름에 넣어 볶는 순간, 주방 전체에 스파이스의 향연이 퍼지며 요리의 운명을 결정짓는 장면이 펼쳐진다.

마살라는 종류 또한 다양하게 분화되어 있다. 예를 들어 치킨 마살라는 닭고기에 어울리는 조합으로 만들어지며, 커민, 강황, 붉은 고추, 고수씨, 파프리카 등이 들어간다. 생선 마살라는 고수씨보다 회향(Fennel)이나 겨자씨가 강조되며, 생선 특유의 냄새를 잡아 주고 산뜻한 향을 더한다.

차이 마살라는 인도식 밀크티에 넣는 향신료 조합으로, 계피, 생강,

정향, 카다멈, 후추, 넛맥 등이 들어가 차를 한 모금 마셨을 때 느껴지는 깊은 향과 입안을 감도는 따뜻한 감촉을 만들어낸다.

남인도의 대표 요리인 샴바르(Sambar)에 들어가는 샴바르 마살라는 볶은 렌틸콩과 고추, 고수씨, 후추 등이 혼합된 형태로, 육수의 깊은 맛을 만들어 낸다. 이 외에도 파니푸리 같은 길거리 음식에 들어가는 탕그리 마살라(Tangy Masala), 탄두리 요리에 특화된 탄두리 마살라(Tandoori Masala) 등, 요리별로 최적화된 조합이 세분화되어 있다. 이처럼 마살라는 단순한 재료가 아니라, 하나의 요리 언어이며, 요리마다 각기 다른 방언을 가진 셈이다.

흥미로운 것은 마살라가 지역별로도 현저한 차이를 보인다는 점이다. 북인도 지역은 가람 마살라 중심의 풍부하고 따뜻한 향을 추구하며, 상대적으로 덜 매운 대신 깊은 풍미를 강조한다. 반면 남인도는 코코넛, 커리잎, 겨자씨 등으로 대표되는 날카롭고 직설적인 향을 선호하며, 마살라의 페이스트 형태가 발달해 있다.

서인도의 고아 지역에서는 포르투갈의 영향을 받은 비네거와 마살라가 결합된 독특한 '빈달루(Vindaloo)' 스타일이 등장하고, 동인도의 벵골 지역은 겨자씨와 파치 포론(Panch Phoron)이라는 다섯 가지 통 향신료의 혼합을 활용하여 풍미를 만든다. 파치 포론에는 펜넬, 커민, 겨자씨, 양귀비씨, 메티(페누그릭)가 포함되어 있으며, 이는 기름에 볶으면 순식간에 요리에 복합적이고 생동감 있는 풍미를 불어넣는다.

이렇게 마살라는 지역의 농업환경, 역사, 외부 문화와의 접촉에 따라 진화해 온, 살아 있는 문화적 산물이라 할 수 있다.

마살라의 또 다른 중요성은 그것이 단순히 미각을 위한 도구를 넘어서, 인도인의 몸과 마음을 돌보는 '약'으로 인식된다는 점이다.

인도의 전통 의학인 '아유르베다(Ayurveda)'에서는 각 향신료가 가진 고유의 효능을 중요시하며, 어떤 마살라 조합이 어떤 체질에 맞는지, 어느 계절에 쓰이는 것이 좋은지를 세심하게 구분한다. 예를 들어 겨울철에는 몸을 따뜻하게 해 주는 계피와 정향, 여름에는 몸의 열을 식히는 고수씨와 회향, 소화를 돕는 생강과 커민이 추천된다.

이렇게 마살라는 단순히 요리를 위한 향신료 믹스를 넘어서, 인도인의 삶의 방식 그 자체이며, 오랜 시간 쌓인 지혜와 경험의 집약체라고 할 수 있다. 그래서 인도 가정에서 어머니가 직접 만드는 마살라는 단지 '양념'이 아니라 사랑과 건강, 전통과 정체성을 담은 손맛의 결정체이다. 인도인들은 이 마살라를 통해 어릴 때 어머니의 품을 기억하고, 가족의 향기를 떠올리며, 새로운 장소에서도 마음의 고향을 찾는다.

마살라는 향신료의 조합 그 이상이며, 인도인의 철학, 역사, 기후, 농업, 종교, 건강관, 그리고 인간관계까지 녹아든 살아 있는 문화의 축소판이다.

이토록 다양한 재료가 조화를 이루어 하나의 풍미를 창조하듯, 인도라는 나라도 그 자체로 수많은 문화와 종교, 언어와 인종이 섞여 하나의 정체성을 만들어 내는 거대한 마살라인 것이다.

뭄바이 우물

뭄바이에서 생활하면서 거리 곳곳을 오가는 물차들을 자주 볼 수 있는데, 이는 단순히 공공 상수도를 보조하는 역할을 넘어 하나의 독립적인 비즈니스로 자리 잡고 있다.

인도 뭄바이 시내의 주택가 우물에서 물을 취수하고 있는 물차

뭄바이에는 여전히 많은 우물이 남아 있으며, 특히 오래된 주거지역이나 신축 아파트 단지에서도 자체적으로 우물을 관리하며 물을 공급하는 경우가 많다.

일부 주택이나 아파트 단지 내에 우물을 소유하고 있는 경우에는 이 우물을 이용해 주민들에게 물을 제공하는 것뿐만 아니라, 남는 물을 외부로 판매해서 추가적인 수익을 올리며, 이렇게 판매된 물은 물차를 통해 상업지구나 수도 공급이 원활하지 않은 지역으로 공급된다.

도시 인프라가 발전했음에도 불구하고 공공 수도망만으로는 모든 지역에 안정적인 물 공급이 이루어지지 않아, 물차를 이용한 공급 방식이 여전히 필수적인 요소이다.

뭄바이 곳곳에서 운행하는 물차들은 아파트뿐만 아니라 호텔, 공사 현장, 식당, 시장, 수도 공급이 부족한 일반 가정에도 물을 배달하며, 특히 몬순이 끝난 후 건조한 계절이 시작되면 이들의 활동이 더욱 활발해진다.

이러한 물 공급 방식은 뭄바이의 독특한 생활상과 결합되어 하나의 경제 구조를 이루고 있지만, 몇 가지 문제점도 내포하고 있다. 우선, 지속적으로 지하수를 퍼 올리는 방식은 지하수 고갈을 초래할 위험이 있다.

또한, 물차를 통한 식수 공급이 공공 인프라에 의존하지 않고 개인적인 사업으로 운영되다 보니, 물 가격이 일정하지 않고 수요와 공급에 따라 변동성이 크며, 이로 인해 경제적으로 취약한 계층은 더 높은 비용을 지불해야 하는 경우도 발생한다.

그럼에도 뭄바이에서는 이러한 방식이 오랜 시간 유지되며 하나의 대체 수도 시스템 역할을 해 오고 있고, 빠르게 성장하는 도시화 속에서도 전통적인 방식과 새로운 경제 모델이 공존하는 모습을 보여 준다. 오래된 우물이 여전히 기능하며, 물차들이 도시 곳곳을 누비며 생활의 필수적인 요소로 자리 잡고 있는 풍경은, 뭄바이만의 독특한 수자원 관리 방식과 경제 구조를 반영하는 단면이다.

채식 문화

인도 국적의 비행기를 탑승하면 기내식 서비스 중 승무원들이 늘 던지는 질문이 있다. "Veg? or Non-Veg?" 즉, 채식주의자인지, 아니면 고기를 포함한 일반 식사를 하는지 묻는다. 일부 채식주의자들은 아예 탑승 전에, 미리 식단을 예약해 두기도 한다.

이러한 질문은 단순한 기내식 선택이 아니라, 인도의 깊은 채식 문화와 관련이 있다. 인도에서 판매되는 모든 포장 식품에는 채식과 비채식을 구별하기 위한 필수 기호가 표기되어 있다.

갈색 동그라미는 비 채식주의 식품을, 녹색 동그라미는 채식주의 식품을 의미하며, 이는 2006년 식품 안전 및 표준법에 의해 법으로 규정되어 2011년부터 모든 포장 식품에 의무적으로 표시하고 있다.

인도 참치 캔의 넌베지 표시인
갈색 마크

인도 포장 식품의 베지 표시인
그린 마크

슈퍼마켓에서 간단한 과자나 즉석식품을 고를 때도 이 표시를 확인하는 것이 일반적이다.

이러한 채식주의 문화는 인도의 종교적, 철학적 전통과 밀접하게 연결되어 있다. 인구의 약 30%에 해당하는 4억 명 정도가 채식주의자로 조사될 만큼, 채식은 인도 사회에서 매우 중요한 요소로 자리 잡고 있다. 그중에서도 힌두교, 자이나교, 불교 등의 종교적 영향을 강하게 받은 사람들은 채식을 실천하는 경우가 대부분이다.

힌두교는 인도에서 가장 큰 종교로, 국민의 약 80%가 신봉하고 있다. 힌두교에서는 '아힘사(불살생)'의 개념을 중요하게 여기며, 모든 생명을 존중하는 철학을 바탕으로 한다. 특히 브라만(사제 계급)과 일부 바이샤(상인 계급)들은 철저한 채식을 실천하는 경우가 많다.

자이나교는 불살생의 원칙을 가장 엄격하게 따르는 종교로, 모든 생명체를 해치지 않기 위해 극단적인 채식을 실천한다. 심지어 땅속에서 자라는 채소인 감자, 양파, 마늘 등도 먹지 않으며, 곤충이나 미생물을 죽이지 않기 위해 물을 끓여 마시는 등 철저한 생명 존중 철학을 유지한다.

불교에서는 고기를 완전히 금지하지는 않지만, 일부 대승불교 전통에서는 채식을 권장하며, 특히 승려들은 고기를 먹지 않는 경우가 많다. 스리랑카, 미얀마, 태국과 같은 '남방불교'권에서는 육식을 허용하는 경우가 있지만, 인도의 일부 불교 신자들은 엄격한 채식을 유지하고 있다.

인도에서 현지 직원들과 회식을 하거나 식당에서 음식을 주문할 때도 채식주의자와 비 채식주의자를 반드시 구분해서, 채식주의자들을 위한 별도의 메뉴를 주문하는 것이 일반적이다.

 또한, 인도에서는 결혼 상대를 찾을 때도 채식 여부가 중요한 기준이 된다. 채식주의자 집안인 가정에서는 사위나 며느리도 반드시 채식주의자를 고집하는 경우가 있으며, 이는 특히 브라만 계급에서 더욱 두드러진다.

 이처럼 인도의 채식 문화는 단순한 식습관이 아니라, 종교적 신념과 철학, 그리고 사회적 전통이 결합된 독특한 문화적 특징을 반영하고 있다.

인도 커리

1993년 말레이시아 쿠알라룸푸르 현장에서 함께 근무하던 인도계 말레이인들이 맨손으로 커리와 밥을 주물러 먹는 모습을 처음 보고 당황했던 적이 있다.

인도에서는 전통적으로 식사할 때 숟가락이나 포크 대신 손을 사용하는 문화가 깊이 뿌리내려 있다. 특히 오른손을 사용하는 것은 예의와 청결의 표시로 여겨지며, 왼손은 일반적으로 위생이나 청결상의 이유로 식사 시 사용하지 않는 것이 원칙이다. 따라서 식탁에 앉은 인도인들이 오른손 손가락을 이용해 밥과 커리를 조심스럽게 섞은 뒤, 손끝으로 한 입 크기로 모아 입으로 가져가는 동작은 매우 자연스럽고 전통적인 식사 방식이다.

커리처럼 국물이 많은 음식의 경우에도 손으로 먹는 법은 세심하다. 인도인들은 밥이나 로티를 사용해 커리를 찍거나 섞어 먹으며, 손을 사용하는 것에 익숙하기 때문에 음식을 흘리거나 더럽히지 않고도 능숙하게 식사를 한다. 또한 식사 전후로 손을 깨끗이 씻는 것이 필수적인 습관으로 자리 잡고 있어, 위생 측면에서도 이를 고려한 생활 방식이라 볼 수 있다.

인도의 커리는 강한 향과 짙은 노란색이 특징이다. 향신료의 종주국

답게 수십 가지 향신료로 맛을 내어 그 맛이 독특하고 강하다. 우리 입맛에 익숙한 한국식 카레와 인도 커리의 맛과 스타일은 사뭇 다른 편이다.

 1498년, 포르투갈의 항해가 '바스코 다 가마'가 동인도 항로를 개척하면서 포르투갈과 인도 간의 교역이 본격적으로 시작되었고, 이를 통해 인도의 향신료가 유럽으로 전해지는 한편, 유럽에서는 토마토, 고추, 감자 등의 새로운 채소와 달콤하면서도 매콤한 유럽식 조리법이 인도로 유입되어, 인도 음식 문화에 새로운 변화를 가져왔다.

인도 커리

 또한 1526년 무굴제국 건국자 '바부르(Babur)'의 인도 침략으로 이국적인 향신료와 건과일, 견과류를 이용한 조리법을 통해 담백함과 매운 맛을 인도 요리 문화에 추가시키게 되었다.

이처럼 인도 커리는 중앙아시아, 페르시아, 유럽의 요리와 식재료들이 인도에 들어와 토착 문화와 상호작용하면서 형성되었다.

커리(curry)는 '소스(sauce)'를 의미하는 타밀 단어 'kari'에서 유래했다. 채소나 닭, 생선 등에 커리 파우더를 넣어 조리한 국물 요리로, 만드는 사람의 취향에 따라 다양하게 만들어지므로 지역과 개인에 따라 다양한 맛을 낸다.

인도 커리와 갈릭 난

인도 커리는 영국이 인도 통치 시기에 인도의 매운 음식 맛에 입맛을 들인 영국군과 관료들이 본국으로 돌아가거나 다른 식민지령 국가로 파견되면서 커리를 전파하였다.

이렇게 커리는 미얀마, 태국, 중국, 인도네시아, 필리핀을 거쳐 일본과 우리나라까지 전파되면서 다양한 맛의 커리로 거듭나게 되었다.

인도 커리는 지역마다 조리법과 맛이 다르다. 북인도 지역에서는 크림이나 요거트를 넣어 부드럽고 진한 맛을 내는 반면, 남인도 지역에서는 코코넛 밀크와 강한 향신료를 사용하여 더욱 맵고 진한 풍미를 자랑한다. 펀자브 지방의 대표적인 커리 요리로는 '치킨 마크니'가 있으며, 이는 토마토 소스를 베이스로 한 부드럽고 고소한 맛이 특징이다.

인도 치킨 커리

반면 남인도의 '삼바르(Sambar)'는 렌틸콩을 베이스로 한 국물요리로, 채소와 타마린드가 들어가 새콤하고 깊은 맛을 낸다.

인도의 길거리에서는 난이나 로티와 함께 먹는 다양한 커리 요리를 쉽게 접할 수 있으며, 채식주의자들을 위한 다양한 채식 커리도 즐길 수 있다.

인도에서 커리는 단순한 요리가 아니라 일상적인 식사의 중심이자 문화의 일부로 자리 잡고 있으며, 향신료의 조화로운 사용을 통해 독창적이고 다채로운 맛을 만들어 낸다.

알폰소 망고

말레이시아에서 살면서 두리안의 맛에 중독되었듯이, 인도에서 6년 반 동안 살면서 알폰소 망고에 대한 사랑은 남다른 특별함이 있다.

알폰소 망고는 인도에서 가장 유명한 고품질의 망고로, 5월 중순부터 시장에 등장하는 이 과일을 기다리는 설렘은 매년 반복되었다. 알폰소 망고는 크기가 비교적 작지만, 그 맛과 품질에서 다른 망고들과 비교할 수 없을 만큼 뛰어나다.

25년 5월 뭄바이 크로포드 마켓 알폰소 망고

알폰소 망고의 가장 큰 특징은 그 과육의 부드러움과 진한 주황색이다. 과즙이 많고, 맛이 달콤하면서도 산미가 적절히 어우러져 독특한 맛을 만들어 낸다.

다른 망고들이 주는 단순한 달콤함과는 달리, 알폰소 망고는 고급스러운 맛을 자랑한다. 그 맛은 단순히 맛있다는 표현을 넘어서, 특별하고 고귀한 과일로 여겨지기까지 한다. 알폰소 망고의 향은 정말 독특하고 진하다.

25년 5월 알폰소 망고

인도에서는 알폰소 망고를 반으로 자르고, 바둑판처럼 칼집을 내어 뒤집어서 먹는 방법이 가장 일반적이다. 하지만 그 고유의 맛을 더 잘 느끼기 위해 망고를 부드럽게 주물러서 과육을 으깨는 방식으로 먹기도 했다.

이렇게 하면 망고의 과육이 부드럽게 으스러져 겔처럼 되어, 과즙을 짜내어 마시는 재미도 있다. 줄기 쪽 끝에 작은 구멍을 내서 으깨진 과육의 즙을 쭉 빨아 먹고, 이후 씨를 빼내며 나머지 과육을 발라먹는 방식으로, 알폰소 망고의 맛을 최대한 즐길 수 있다. 이 방법은 때로는 알폰소 망고의 고귀한 자태를 일부 훼손할 수도 있지만, 그 부드러움과 풍미를 진하게 즐길 수 있기 때문에 더욱 특별했다.

알폰소 망고는 그 자체로 인도의 여름을 상징하는 과일이다. 매년 5

월 초가 되면, 알폰소 망고가 나오기를 기다리며 그 시기가 다가오는 것을 설레는 마음으로 맞이했다. 알폰소 망고의 풍부한 맛과 향은 인도에서의 여름을 더욱 특별하게 만들어 주었고, 그 맛은 인도 생활의 중요한 부분으로 자리 잡았다. 알폰소 망고는 단순한 과일을 넘어, 인도에서의 일상 속에 중요한 추억으로 남아 있다.

마살라 짜이

인도에서 6년 반 동안, 2개 현장에서 근무하면서 수만 명의 인도 근로자들과 함께 생활하였다. 이들에게 가장 중요한 시간과 가장 선호하는 음료는 당연 '마살라 짜이' 타임에 마시는 '마살라 짜이'이다.

마살라 짜이

인도 뭄바이의 월리 현장 초기에, 근로자들은 오전과 오후 휴식 시간이 되면 으레 나타나는 짜이(Chai) 장사꾼을 기다리곤 했다. 그는 스테인레스로 된 둥근 통에 짜이를 담아 와서, 소주잔보다 약간 큰 정도의 작은 플라스틱 컵에 한 잔씩 따라 주며 비스킷 몇 조각과 함께 팔았는데, 가격은 한 잔에 2루피 정도였다. 근로자들은 짜이 한 잔씩을 마시며 잠시나마 피로를 잊는 듯했다.

장사꾼은 짧은 시간에 많은 짜이를 팔며 제법 괜찮은 수입을 올리는 것처럼 보였지만, 짧은 휴식 시간에 긴 줄을 서야 하는 근로자들이 오히려 충분한 휴식을 취하지 못할까 우려되었다. 해결 방안으로 협력업체 대표에게 요청하여, 휴식 시간에 회사가 자체적으로 짜이를 준비해 공급하도록 조치했다.

2011년 12월 현장 근로자들의 '마살라 짜이'를 기다리는 줄

인도 사람들은 둘 이상 모이면 으레 '짜이'를 마신다. 짜이는 홍차에 우유와 향신료가 될 만한 계피 등을 혼합한 뒤 설탕을 가미해서 달달한 맛을 나게 만든다.

'짜이'는 인도에서는 '마살라 짜이', 방글라데시에서는 '둣짜'로 불리지만 '짜이'를 좋아하는 건 똑같다.

인도인들은 보통 아침 식사 시간이나 오후 간식으로 짜이를 즐기며, 가족들이나 친구들과 모여 시간을 보내면서 이 음료를 함께 마시는 것이 일상적인 모습이다. 인도의 거리에서도 사람들이 모인 장소를 보면 으레 '짜이'를 즐기고 있다.

마살라 짜이

인도에서 차를 널리 마시기 시작한 시기는 영국 식민지 시대 이후로 알려져 있다. 영국의 지배를 받게 되면서 차 마시는 습관이 소개되었고 1830년대 이후 영국 동인도 회사가 중국산 차를 대신할 인도 아삼 지방의 야생 차나무를 발견하고 이를 경작하기 시작하면서부터 활성화되기 시작했다.

인도의 북부 지역인 아삼, 다즐링, 실론 지역에 차 농장들이 많이 있는데 찻잎의 늘어난 재고로 인해 홍차 잎 가격이 폭락하게 되자 영국의 인도 차 협회는 대대적인 캠페인을 벌여 인도인들에게 차를 마시게 했다.

이전까지 인도 내에 사는 영국인과 영국화 된 인도 귀족들만이 마셨던 차를 공장 노동자들이 쉬는 시간에 마실 수 있도록 장려하는가 하면, 당시 발전하고 있던 철도역을 중심으로 홍차를 판매하는 카페와 '짜이왈라'라고 불리는 홍차 노점상이 등장하게 되었다.

식민지 시대에는 영국식으로 우유와 설탕이 첨가된 밀크티가 주종을 이루었지만, 인도 내에서 판매되던 찻잎의 가격은 상당히 비쌌기 때문에 '짜이왈라'들은 차에 우유와 설탕 비율을 늘리는 동시에 인도에서 저렴하게 공급할 수 있는 다양한 향신료들을 첨가하면서 오늘날과 같은 '마살라 짜이'가 등장할 수 있게 되었다.

'마살라 짜이'가 향신료를 미치도록 사랑하는 인도 사람들의 입맛에 맞으면서 '마살라 짜이'는 인도 차의 상징이 되었고 그들의 일상의 문화가 되었다.

'마살라 짜이'는 인도의 다양한 지역에서 계층을 불문하고, 거리 상점부터 고급 호텔까지 다양한 장소에서 즐기는 음료일 뿐만 아니라 가정에서 직접 만들어서 가족과 함께 즐기기도 한다.

인도 머드크랩

뭄바이에서 살면서 가장 기억에 남는 음식은 뭄바이 남부에 위치한 크리슈나 해산물 음식점의 머드 게 요리이다. 한국에서 손님이 뭄바이를 방문하면 으레 저녁 식사를 대접하던 곳으로, 퇴근 시간과 맞물려 뭄바이 중심에서 1시간 이상 걸리는 게 흠이지만, 이동시간이 아깝지 않을 정도로 먹어볼 만한 요리이다.

2025년 5월 뭄바이 남부 '크리슈나 레스토랑' 머드크랩

인도 머드크랩은 주로 인도 동부 벵골만과 서부 아라비아해 연안의 맹그로브 지역 및 갯벌에서 서식하거나 양식된다.

단단한 껍질과 풍부한 속살을 가진 것이 특징이며, 특히 알이 가득 찬 암컷은 고급 식재료로 분류된다.

인도 전역에서 다양한 조리법으로 활용되며, 지역별로 사용되는 향신료와 조리 방식에 따라 풍미가 달라진다.

2025년 5월 뭄바이
크리슈나 레스토랑 머드크랩

케랄라 지역에서는 코코넛 오일과 갈아낸 향신료를 사용하는 크랩 로스트가 일반적이고, 타밀나두에서는 후추를 주재료로 한 페퍼 크랩이, 벵골 지역에서는 머스터드 기반의 커리로 조리하는 방식이 널리 알려져 있다.

뭄바이 크리슈나 해산물 음식점은 중앙 및 남부 해안 지역에서 공수한 머드크랩을 고객이 직접 고를 수 있는 방식으로 운영하며, 크랩 마살라, 페퍼 크랩, 코코넛 크랩 커리 등 여러 조리법 중 선택이 가능하다.

메뉴 구성은 향신료의 균형과 식재료의 신선도를 중시하며, 일부 요리는 바스마티 라이스(Basmati Rice), 파파담(Papadam), 차파티(Chapati) 등과 함께 제공된다. 해당 식당은 현지인뿐만 아니라 외국인 관광객에게도 알려져 있으며, 위생 상태와 조리 투명성 측면에서 높은 평가를 받고 있다.

이처럼 인도 머드크랩은 지역 요리 문화의 다양성을 반영하는 식재료로 활용되며, 크리슈나 레스토랑과 같은 전문 해산물 식당을 통해 다양한 형태로 소비되고 있다.

빠니(물)

뭄바이 주변에는 호수를 자주 볼 수 있다. 한국인 직원들 아파트가 있던 히라난다니에도 '포와이 호수'가 있고, 웨스트 반드라 초입에도 꽤 큰 규모의 호수가 있다. 그런데 이런 호수들이 대부분 생활폐수로 오염되어 식수원으로는 사용하지 못하고 경관 감상이나 산책로, 공원과 함께 조성된 휴식 공간으로 사용될 뿐이다.

인도 뭄바이 근교 히라난다니 포와이 호수

인도에서 가장 조심해야 할 것 중에 모기에 물리지 않는 것과 물 때문에 걸리는 식중독이다. 특히 인도에 와서 한 번쯤 배탈로 고생해 보지 않은 직원은 거의 없었다. 아무리 주의를 해도 배탈이나 식중독을 경험하게 된다. 인도에 살면서 양치질을 할 때도 수돗물에 입을 절대로 대지 않는다. 반드시 밀봉된 생수를 사서 입가심으로 사용한다. 음식점에서도 물기가 있는 야채는 아예 입에 대지 않는 게 좋다.

  식중독은 특히 인도 여행자들이 자주 경험하는 질병이다. 인도에서 식중독을 예방하기 위해서는 깨끗하고 위생관리가 철저한 식당을 선택해야 하고, 거리의 음식은 보는 것으로 만족하는 게 좋다. 생수를 마시거나 얼음이 든 음료를 마실 때에는 반드시 밀봉되어 포장된 캔이나 생수만을 구입해서 마셔야 하고, 얼음은 호텔급 이상의 식당이 아니면 절대로 믿어서는 안 된다. 식사 전후에는 깨끗한 물과 비누로 손을 꼼꼼하게 씻어야 하고, 손 소독제를 사용하는 편이 좋다. 이렇게 세심한 주의를 하고 살지만 대부분 한두 번씩은 식중독으로 병원 신세를 지게 된다.

  그럼에도 불구하고, 인도 현지인들은 같은 물을 마셔도 아무렇지 않게 일상생활을 이어 가는 모습을 보면 놀랍기까지 하다. 이와 관련해 외국인들 사이에서는 '인도인의 위장은 특수 코팅이 되어 있는 것 아니냐'는 농담이 오갈 정도다. 물론 이는 웃자고 하는 말이지만, 그 속에는 오랜 환경 적응과 면역 체계의 차이라는 과학적인 배경이 존재한다.

  인도인들은 어릴 때부터 다양한 세균 환경 속에서 자라며, 그 과정에서 자연스럽게 면역 체계를 형성하고 위장 내 유익균의 균형이 맞춰지는 방식으로 체내 저항력이 강화되어 왔다.

그들이 마시는 물속에 포함된 미생물이나 박테리아에 대해서 장기간에 걸쳐 체내 면역이 익숙해져 있다는 것이다. 반면, 외국인들은 그러한 환경에 노출된 경험이 거의 없기 때문에 상대적으로 민감하게 반응하게 되고, 쉽게 위장 장애를 겪는 것이다.

바라나시 라시

2012년 1월, 인도 북부 여행 중 바라나시를 방문했을 때, 그곳에서 특히 유명한 음료인 '바라나시 라시'를 맛볼 수 있었다. 이곳의 바라나시의 라시는 특별히 1회용 도기 그릇에 담아 제공되며, 흙으로 빚어 구운 도기 그릇은 차가운 라시의 온도를 오래 유지시켜 줄 뿐만 아니라, 음료에 은은한 흙내음을 더해 특유의 깊은 풍미를 느낄 수 있게 한다.

바라나시 라시

이 그릇은 한 번 쓰고 나면 깨뜨려 버리는 방식으로 사용되는데, 처음에는 마시고 곧바로 버린다는 점이 다소 아깝게 느껴졌다. 하지만 이런 방식은 오히려 일회용 종이컵보다 더 따뜻한 '인간적인 정'과 전통의 감성을 담고 있다. 도기 그릇은 기계가 아닌 사람의 손으로 만들어진 투박한 것이기에, 그 하나하나가 지역 장인의 손길을 거친 흔적이자 바라나시만의 문화적 상징처럼 느껴졌다.

마신 뒤 바닥에 톡 깨뜨려 놓고 가는 이 작은 행위는 단순한 소비를 넘어선 체험이 되며, 현지인들의 삶과 문화를 직접 느끼게 해 준다. 그래서 바라나시 거리에서 도기 그릇에 담긴 라시를 마시는 순간은, 시원한 음료 한 잔 이상의 가치와 정서가 담긴 특별한 경험으로 오래 기억에 남는다.

바라나시 라시는 발효 유제품인 요구르트에 물과 다양한 향신료 또는 과일을 섞어 만든 전통 음료로, 시원하고 상쾌한 맛이 특징이다. 특히 무더운 인도 여름철에 인기를 끄는 이 음료는, 더위로 지친 몸을 식히는 데 효과적이며 지역 주민들의 일상 속에서 중요한 역할을 한다.

바라나시 라시는 기본적으로 단맛을 바탕으로 하지만, 여기에 지역 특유의 향신료나 허브가 더해져 풍부하고 개성 있는 맛을 낸다. 대표적으로 카다몸, 민트, 커민 등의 향신료가 사용되며, 이는 단순한 음료를 넘어 입안에서의 복합적인 풍미를 즐기게 해 준다.

또한, 라시는 과일을 넣어 변화를 줄 수 있는데, 대표적으로 망고, 딸기, 파인애플 등이 블렌더에 요구르트와 함께 갈려 과일 라시로 탄생한다. 이런 과일 라시는 달콤함과 과일 특유의 상큼함이 어우러져, 색

다른 즐거움을 선사한다.

　반면, 짠맛 라시도 존재하는데, 이는 '솔티 라시'라 불리며, 향신료와 소금을 섞어 입맛을 돋우고 갈증을 해소하는 음료로 특히 현지인들에게 사랑받고 있다.

바라나시 라시

　이처럼 바라나시 라시는 단순한 음료 그 이상으로, 더운 기후와 지역의 전통이 녹아든 문화적 상징이며, 인도 전역에 걸쳐 다양한 방식으로 변형되고 소비되는 대표적인 전통 음료이다.

홍화씨 후식

인도에서 생활하며 인상 깊었던 독특한 후식 문화 중 하나는 홍화씨와 설탕을 함께 섭취하는 습관이다.

인도 후식 설탕과 홍화씨

식사 후 제공되는 이 간단한 혼합물은 단순한 간식이 아니라, 입안을 정리하고 소화를 돕는 전통적인 방식의 후식으로 인도 전역에서 널리 즐겨진다.

홍화씨는 고소하면서도 약간의 쌉쌀함이 느껴지는 독특한 풍미를 가지고 있어, 식사 후 입안을 깔끔하게 정돈하는 데 효과적이다. 다만 그 맛이 다소 강할 수 있기 때문에, 설탕을 함께 곁들여 먹는 것이 일반적이다. 설탕의 달콤함은 홍화씨의 씁쓸함을 부드럽게 감싸며 조화로운 맛을 완성해, 누구나 부담 없이 즐길 수 있는 후식으로 거듭난다.

이 조합은 특히 기름지고 향신료가 강한 인도 음식을 먹은 뒤 속을 편안하게 해주고 입안을 상쾌하게 마무리하는 데 큰 도움이 된다. 홍화씨는 소화 작용을 돕고 위장을 자극하는 효과가 있으며, 설탕은 입안에 산뜻함을 남겨 식사의 마무리를 기분 좋게 만들어 준다.

홍화씨 후식

이처럼 홍화씨와 설탕을 함께 먹는 전통은 오랜 세월에 걸쳐 이어져 온 인도 식문화의 한 부분으로, 단순한 후식을 넘어 깊은 여운을 남기는 식사 문화로 기억된다.

6

인도 일상의 이모저모

요가

　인도의 요가(Yoga)는 매우 오래된 신체와 정신의 수련법으로, 인도를 대표하는 중요한 문화적 유산 중 하나이다. 요가는 몸과 마음을 통합하여 신체와 정신의 균형을 찾고 향상시키기 위한 종합적인 체계로 여겨지며, 수천 년에 걸쳐 발전해 온 고대 인도의 철학과 종교적 전통과 깊은 관련이 있다.

2012년 1월 인도 북부여행 중 요가 체험

특히 인도 북부 여행 중 인도 요가 체험은 그 지역의 고대 전통을 직접 경험할 수 있는 기회를 제공했고, 요가의 깊은 철학적 의미와 신체적 실천을 동시에 느낄 수 있게 해 주었다.

요가는 신체 자세(아사나), 호흡조절(프라나야마), 명상(디야나), 몰입(사마디), 집중(다라나), 도덕적 규범(야마) 등의 다양한 요소를 포함하고 있으며, 이러한 다양한 요소들은 모두 신체와 마음을 통합하는 데 도움을 준다.

인도의 요가는 수천 년의 역사를 자랑하며, 다양한 학파와 스타일이 존재한다. 그중 일부는 매우 신체적인 면을 강조하는 반면, 다른 일부는 내적인 평화와 영적 성장을 중요시한다.

요가는 현대적인 요가 스타일로 전 세계적으로 널리 퍼졌으며, 건강과 웰빙을 증진시키는 데 많은 도움이 된다. 몸의 유연성을 향상시키고 근육을 강화하며, 스트레스를 감소시키는 효과가 있다. 또한 요가는 집중력을 향상시키고 정서적 안정감과 내적 평화를 찾을 수 있는 중요한 도구가 된다. 하지만 요가는 단지 육체적인 측면에만 국한되지 않는다.

인도의 요가는 스스로의 내면을 탐구하고 영적인 성장을 이루는 수단으로서도 중요한 역할을 한다. 이러한 이유로 많은 사람들이 요가를 통해 자기 인식과 영적 삶을 개발하고 발전시키고 있으며, 이는 요가가 단순한 운동을 넘어선 깊은 철학적 수련임을 보여 준다.

인도의 요가는 현대 생활에서 많은 사람들에게 인기를 끌며, 요가 스튜디오, 요가 센터, 온라인 요가 클래스 등 다양한 형태로 전 세계적으로 보급되고 있다.

특히 한국에서도 요가 교실이 매우 인기 있으며, 요가를 통해 스트레스를 해소하고 몸과 마음의 균형을 찾으려는 사람들이 많다. 이러한 요가의 인기는 건강과 웰빙에 대한 관심이 커짐에 따라 더욱 확산되고 있으며, 요가는 이제 단순한 운동을 넘어선 라이프스타일의 일부로 자리 잡고 있다.

요가의날 행사에 함께 참여한 인도 모디 수상

그럼에도 불구하고, 인도에서 6년 반 동안 살면서 요가의 철학적 깊이를 충분히 이해하고 경험할 시간과 여유를 가지지 못했다. 요가는 단지 몸의 유연성을 길러 주는 운동이 아니라, 내면의 평화와 영적 성장까지 도와주는 중요한 수단이었기에, 이를 배우지 못한 것은 아직도 마음속에 아쉬움으로 남아 있다.

크리켓

인도에서 크리켓은 단순한 스포츠가 아니라 일상이다. 인도는 인구 수에 비해 스포츠 분야에서 강국의 면모를 보이거나 두각을 나타내는 종목이 거의 없지만, 유독 크리켓에 대한 열정은 인도 국민 전체에게 커다란 기쁨과 자부심의 원천이 되어 왔다. 인도 사람들의 크리켓 사랑은 지역을 초월할 뿐만 아니라 모든 계층의 사람들을 하나로 묶어 준다.

2011년 5월 크리켓 경기를 하는 뭄바이 마을 청년들

인도는 세계 최고의 크리켓 선수들을 배출해 왔으며 크리켓 최강국이다. 크리켓은 인도에서 길고 풍부한 역사를 가지고 있는 스포츠 종목으로 18세기 영국인에 의해 인도에 소개되었으며, 인도 엘리트들 사이에서 빠르게 인기를 끌었다.

1721년 동인도 회사 소속 선원들이 구자라트 인근에서 벌인 크리켓 경기가 인도에서의 최초 크리켓 경기로 기록되어 있다. 이 스포츠는 식민지 시대에 널리 인기를 얻었으며 아이러니하게도 영국에 대한 저항의 상징이 되었고, 독립을 위한 투쟁 과정에서 민족주의와 단결을 촉진하는 수단으로 사용되었다.

인도에서는 마을이나 도시의 작은 공터가 보이면 어김없이 사람들이 크리켓 경기하는 모습을 볼 수 있다.

동네 공터에서 크리켓 게임을 즐기는 인도 어린이들

작은 아이들부터 어른까지 나이를 가리지 않고 크리켓 경기를 즐긴다. 이처럼 직접 크리켓 경기를 하는 데만 열중하는 게 아니라 크리켓 경기의 중계방송 시청에도 열을 올린다.

인도에서는 크리켓을 잘하면 출세하는 지름길이기도 하다. 인도 크리켓 프로리그인 인디안 프리미어 리그(IPL)는 세계에서 미국프로농구(NBA) 다음으로 선수 연봉이 높은 리그로 알려져 있을 정도이다.

인도 크리켓 리그 중계권료만 해도 1년에 5억 달러를 낼 정도다. 삼성, LG, 현대자동차 같은 한국 기업은 물론 세계적인 기업들이 인도 크리켓 리그에 스폰서로 참여하고 있다.

크리켓도 축구처럼 월드컵 대회가 치러진다. 크리켓 월드컵은 국제 크리켓 평의회(ICC)가 주관하는 세계 최고 권위의 크리켓 국제 대회로, 4년마다 개최된다. 남자와 여자 대회가 각각 열리며, 여자 월드컵이 먼저인 1973년에 시작되었고, 남자 월드컵은 1975년부터 시작된 것이 특징이다. 두 대회의 첫 개최지는 모두 크리켓의 종주국인 영국이었다.

대회 형식은 시대에 따라 조금씩 달라졌지만, 최근 대회에서는 10개국이 본선에 참가하며, 개최국 1개국, ICC 크리켓 월드컵 슈퍼 리그 상위 7개국, 그리고 최종예선을 통해 선발된 2개국으로 구성된다. 예선과 리그를 통해 치열한 경쟁을 거쳐 본선 무대를 밟게 된다.

역대 개최국은 영국, 인도, 파키스탄, 스리랑카, 호주 등 전통적인 크리켓 강국이 중심이었으며, 특히 2011년 대회는 인도, 스리랑카, 방글라데시가 공동으로 개최했고, 인도가 우승을 차지했다.

2011년 월드컵 크리켓 인도 우승

 당시 4강전에서 인도가 파키스탄을 이기자, 양국의 정치적, 사회적 긴장 속에서 파키스탄 일부 지역에서는 시위와 소요 사태가 벌어질 정도로 큰 반향을 일으켰다.
 이처럼 인도와 파키스탄의 크리켓 경기는 축구 한일전 못지않게 열기가 뜨겁다. 이들 국가 간 시합이 있는 날은 현장 근로자들이 작업을 제대로 하지 못할 정도의 상황이 된다.

발리우드 영화

인도에 6년 반 동안 살면서 인도 극장에 몇 번 가 본 적이 있다. 길거리에 지저분하게 붙어 있는 영화 포스터들은 우리의 1960~1970년대 영화 포스터 모습과 매우 유사해 보인다.

2019년 3월 DAICEC Complex(JIO WORLD) Project에서 세기 부호인 무게시 암바니 회장의 장남 결혼식이 열렸는데 이때 현장 소장으로 근무하면서 이 행사를 준비했었다. 결혼식 동안 인도의 유명 영화배우들이 대거 참석했었고, 그들의 실제 모습들을 직접 볼 기회가 있었다.

2019년 3월 아카시 암바니 결혼식에 참석한 발리우드 배우들

인도 영화하면 '발리우드', ABCD(Any Body Can Dance)영화, 마살라 영화, 해피엔딩, 권선징악, 엄청나게 긴 상영시간, 노래와 단체 군무 등이 떠오른다.

발리우드는 뭄바이의 옛 명칭인 봄베이와 할리우드를 합한 말로 인도 영화의 별칭이다.

2025년 5월 뭄바이 Cenema Museum 내부

인도 영화의 특징은 스토리 자체가 해피 앤딩으로 끝을 맺지만 과정의 스토리들은 액션, 로맨스, 권선징악, 스릴러 등이 혼재되어 있다. 마치 인도의 전통적인 차 음료인 '짜이'에 다양한 향신료를 첨가하여 만든 '마살라 짜이'와 비슷하다. 짜이에 설탕과 우유를 첨가하듯이 춤과 음악이 가미된 뮤지컬 형태를 띤다.

인도 영화에서는 과거 관객들이 영화 속 춤과 노래 장면에 맞춰 다함께 노래를 부르고 춤을 추는 풍경이 흔했지만, 최근에는 멀티플렉스 극장이 보편화되면서 이러한 열광적인 관람 문화는 점차 사라져 가고 있다. 다만 특정 배우의 팬층이 두터운 지역이나 개봉 첫날 같은 특별한 경우에는 여전히 예전과 같은 뜨거운 반응이 이어지기도 한다."

2023년에는 인도 한국 대사관 대사와 직원들이 인도 영화 'RRR'에서 나오는 춤을 따라하는 짧은 동영상이 인도 전역에 퍼지면서 엄청난 반향을 일으킨 적이 있다.

인도 영화 장면

인도에서는 영화를 개봉하기 전에 뮤직비디오가 먼저 개봉되고, 음악과 무용이 이미 미디어를 통해서 대중들에게 익숙해진 다음에 영화를 보러 가게 되는 편이다. 또한 인도 영화에서는 춤의 비중이 매우 큰 편이다. 그러다 보니 인도 영화의 대부분은 대사를 모두 다 이해하지 않더라도 이해할 수 있는 맥락을 만들어 준다.

영화 포스터

인도는 영화 산업이 발달한 나라답게 '발리우드'라는 말이 전 세계적으로 통용될 정도이다. 인도 영화의 특징은 상영시간이 길고, 춤과 노래가 들어간 뮤지컬 형태의 영화가 많다. 여러 명이 함께 춤을 추는 부분이 많고, 스토리 자체는 대부분이 해피엔딩이다.

인도 영화 중에 〈슬럼독 밀리어네어〉는 아카데미상 8개 부분 수상과 2009년 골든글러브 최다 수상을 한 영화이다. 촬영지였던 인도 현지에서는 동네 주민들과 아이들이 영화를 출연했던 아이들을 보기 위해 먼 나라에서 중계되던 시상식을 TV로 보는 장면이 외신을 통해 알려졌다.

자존심이 센 인도인들은 인도 빈민가를 다루고 인도의 낙후된 이미지를 부각시킨 이 영화를 불쾌하게 받아들이기도 한다. 또한 일부 인도인들은 이런 영화로 아카데미상을 준 주체 측에 비난을 쏟는다는 이야기도 들었다.

인도 영화 〈슬럼독 밀레니어〉 포스터

재미있게 본 인도 영화로는 〈세 얼간이〉와 〈런치 박스〉가 있다. 세 얼간이는 인도 명문 공대생들의 우정과 좌충우돌 청춘기를 그리며, 주입식 교육의 부조리와 삶의 의미를 유쾌하게 다룬 작품이다. 특히 영화 속 주인공들이 자주 외치는 '모든 것이 잘될 거야'(All is well)라는 대사는 어려운 상황에서도 희망을 잃지 않고 긍정적인 마음을 유지하라는 메시지를 전하며, 많은 사람들에게 큰 여운을 남겼다.

또한 〈런치 박스〉는 뭄바이의 도시락 배달 시스템 '다바왈라'를 배경으로, 잘못 배달된 도시락을 계기로 외로운 남녀가 편지를 주고받으며 마음을 나누는 이야기다. 일상적이고 잔잔한 전개 속에서 도시의 단절과 인간관계의 회복을 따뜻하게 그려내며, 작은 사건 속에서 큰 감동을 주는 작품이다.

IIT 뭄바이 캠퍼스

IIT는 인도 독립 이후 과학기술 발전을 목적으로 설립된 국립 명문 공과대학으로, 정식 명칭은 Indian Institute of Technology이다. 인도의 초대 총리 '자와할랄 네루'는 독립 직후 과학기술의 진흥이 국가 발전의 핵심이라는 확고한 신념 아래 IIT 시스템의 설립을 추진하였고, 그 결과 1951년 IIT '카라그푸르'가 첫 번째 캠퍼스로 문을 열었다.

이후 뭄바이, 델리, 첸나이, 칸푸르 등 주요 도시에 차례로 캠퍼스가 설립되었고, 오늘날에는 총 23개의 IIT 캠퍼스가 인도 전역에 걸쳐 운영되고 있다.

IIT는 인도 내에서도 매년 수백만 명이 지원하지만 단 몇 퍼센트만 합격하는 치열한 경쟁을 거쳐야 한다. 특히 IIT 봄베이는 1958년에 설립된 IIT 중 두 번째 캠퍼스로, 현재 약 1만 명의 학생이 재학 중이며 그 수준과 명성은 전 세계적으로도 인정받고 있다.

뭄바이에 거주하던 시절, 인도 최고의 공과대학 중 하나인 IIT 봄베이(Indian Institute of Technology Bombay) 캠퍼스를 방문할 기회가 있었다. 이 캠퍼스는 일반인의 출입이 엄격히 제한되는 곳으로, 정문에는 보안 요원이 상시 배치되어 외부인은 등록된 초청 없이 들어갈 수 없다.

당시 수행 중이던 뭄바이 월리 프로젝트의 협력업체 매니저가 IIT의

한 교수와 개인적인 인연이 있었던 덕분에, IIT 정문을 통과할 수 있었다.

IIT 캠퍼스에 들어섰을 때, 외부의 소란스럽고 혼잡한 뭄바이 거리와는 전혀 다른, 조용하고 평화로운 또 하나의 세상이 펼쳐졌다. 울창한 산책로, 넓은 도로, 정갈하게 정비된 연구동과 강의동, 그리고 곳곳에서 바쁘게 움직이며 학문에 몰두하고 있는 학생들의 모습은 인도 최고의 교육기관다운 위엄을 풍겼다.

IIT 뭄바이 캠퍼스

캠퍼스 곳곳을 둘러보면서 이곳은 단지 학문을 배우는 장소를 넘어, 인도의 미래를 설계하고 세계와 경쟁할 수 있는 인재들이 꿈을 키워 나가는 하나의 독립적인 도시 같다는 느낌이 들었다.

이곳에서는 공학과 과학뿐만 아니라 경영, 디자인, 인문 사회 분야까지도 폭넓게 다루며, 각 분야의 최첨단 연구가 활발히 진행되고 있다. 캠퍼스는 뭄바이의 북동쪽 포와이 지역에 위치해 있으며, 바로 옆에 위치한 포와이 호수가 만들어 내는 아름다운 자연환경 속에서 학문과 연구에 집중할 수 있는 이상적인 분위기를 제공한다.

IIT 교육 시스템은 인도 내에서는 단순한 고등교육기관 이상의 의미를 갖는다. 이곳에서 배출된 졸업생들은 세계 유수의 대학과 기업에서 교수, 연구자, 경영자, 기업가 등으로 활약하며, 특히 미국 실리콘밸리의 기술 혁신을 이끄는 인도계 인재 중 상당수가 바로 IIT 출신이다.

이들은 글로벌 IT산업의 중심에서 중요한 역할을 하며, 인도가 오늘날 세계적인 IT 강국으로 성장하는 데 결정적으로 기여했다.

실제로 IIT 졸업생 중에는 세계적 기업의 CEO, 억만장자 기업가, 노벨상 수상자, 저명한 교수들이 다수 포함되어 있다. 이러한 성공 사례는 인도 청년들에게 하나의 꿈이자 목표로 자리 잡고 있으며, IIT에 입학하는 것은 단지 좋은 직장을 얻는 차원을 넘어 인생 전체의 방향을 바꾸는 결정적 계기가 되기도 한다.

IIT 봄베이는 이처럼 전통과 혁신, 학문과 실용이 어우러진 인도의 대표적인 두뇌 집결지이며, 인도 전체에서 가장 높은 명성을 자랑하는 캠퍼스 중 하나이다.

이 캠퍼스는 또한 2009년에 전 세계적으로 큰 반향을 일으킨 인도 영화 〈세 얼간이(3 Idiots)〉의 주요 촬영지로도 널리 알려져 있다. 이 영화는 인도 사회의 극단적인 입시 중심 문화를 배경으로, IIT 캠퍼스에서 벌어지는 청춘들의 삶과 고민, 그리고 진정으로 하고 싶은 일을 찾아가는 여정을 그린 이야기다. 영화 속의 교수, 강의실, 기숙사, 복도,

실험실 등은 실제 IIT 봄베이 캠퍼스에서 촬영되었으며, 이로 인해 캠퍼스를 더욱 생생하게 느낄 수 있다.

인도 영화 〈세 얼간이〉 주인공들

영화에서 다룬 내용은 단순한 허구가 아닌, 실제 IIT 학생들이 마주하는 치열한 경쟁과 자기 정체성에 대한 고민, 부모의 기대와 사회적 압박 등 현실적인 문제들을 반영하고 있으며, 그런 점에서 IIT는 단순한 명문 대학 그 이상의 무게와 의미를 지니고 있다.

IIT 봄베이 캠퍼스는 인도의 과거와 현재, 그리고 미래가 공존하는 특별한 공간이며, 인도라는 나라가 어떻게 세계 무대에서 자신의 위치를 만들어 가고 있는지를 상징적으로 보여 주는 곳이다.

인도 정치

인도의 거리에는 어디를 가더라도 여러 사람의 인물사진이 그룹 지어 있는 정치 관련 포스터나 현수막들이 어지럽게 걸려 있거나 벽에 붙어 있다.

2012년 6월 뭄바이 월리 정치 포스터

인도의 정치 현수막은 인도에서 열리는 정치 행사나 선거와 관련된 메시지를 전달하기 위해 사용되는 대형 배너나 현수막으로 주로 정당의 시위, 선거 캠페인, 정치적 이벤트, 정책 홍보 등에서 자주 볼 수 있다.

정치 현수막은 후보자의 얼굴과 이름, 당의 상징적인 로고 및 슬로건, 정책 주장 등을 포함하여 다양한 내용이 담겨 있다. 이러한 현수막은 건물 외벽, 교차로, 시장, 공공장소, 행사장 등 다양한 장소에 부착되거나 걸려서 시민들에게 메시지를 전달하지만, 도로 주변 시각 환경을 어지럽히는 주요 요인이 되고 있다.

인도에서 생활을 시작했을 때 처음에는 BJP와 Congress라는 정당 이름이 낯설게만 들렸다. 거리 곳곳에 걸린 낯선 얼굴들의 현수막, 정당 로고와 구호, 그리고 연일 현지 영어 방송 TV에서 반복적으로 들려

인도 거리의 정치 현수막

오는 정치 뉴스 속 이름들이 쉽게 머리에 들어오지 않았고, 그저 현지 정치인들의 내부 행사 정도로만 생각될 뿐이었다.

시간이 지나며 여러 차례의 지방 선거와 인도 전체의 총선을 경험하고, 정당 지지자들의 거리 행진과 유세, 그리고 때로는 극단적인 충돌과 분열을 현장에서 지켜보면서 BJP와 Congress가 단순한 정당 이상의 의미를 갖는다는 사실을 체감하게 되었다.

반복적으로 들려오는 정당 명칭과 대표 인물들의 메시지, 사람들의 반응 속에서 자연스럽게 이 두 거대 정치 세력이 인도 사회 전반에 얼마나 깊이 뿌리내리고 있는지, 그 정치적 함의가 어떤 구조적 영향을 끼치고 있는지를 이해하게 되었고, 차츰 BJP와 Congress는 일상에서 존재감 있는 요소로 자리 잡았다.

Congress(인도 국민회의당)는 인도의 독립운동과 함께 시작된 가장 오래된 정당으로, 마하트마 간디와 자와할랄 네루 등의 지도자들을 중심으로 성장해서, 독립 이후 오랜 기간 집권당으로 자리 잡았다.

이 정당은 세속주의, 사회주의적 가치, 민주주의, 포용성을 정치 이념으로 삼았으며, 오랜 시간 동안 하층 계층, 소수자, 농민, 도시 중산층을 아우르며 광범위한 지지를 받아 왔다.

한때는 인도의 정치 구조 자체가 Congress 중심으로 짜여 있다고 해도 과언이 아닐 정도였다. 그러나 1990년대 이후 정책 유연성 부족, 세습 정치, 내부 분열, 그리고 무엇보다도 반복되는 부패 스캔들로 인해 점차 국민의 신뢰를 잃었고, 그 결과 전국적 영향력이 크게 약화되었다.

Congress가 약화되는 동안, BJP(인도 국민당)가 급부상했다. BJP는 힌두 민족주의를 정치 이념으로 삼는 정당으로, 강한 중앙정부, 시장 중심의 경제 정책, 국가 안보 강화 등을 주요 의제로 삼았다.

특히 나렌드라 모디 총리가 2014년 총선에서 압승을 거두면서 BJP는 인도의 중심 권력으로 자리매김했다. 모디 정부는 이후 경제 성장, 디지털 인프라 확충, 외국인 투자 유치, 행정의 효율성 강화 등의 정책을 내세우며 도시 중산층, 청년층, 기업인들의 전폭적인 지지를 받았다.

모디 총리

하지만 BJP의 통치는 단순히 경제 성장만을 의미하지 않았다. 힌두 중심주의 정책, 이슬람 소수자 차별 논란, 언론과 시민사회의 위축, 비판 세력 탄압 등의 문제도 동시에 제기되었다. BJP는 강력한 메시지와 결정력을 갖춘 정당으로 평가받았지만, 그만큼 사회적 갈등과 양극화도 심화시켰다.

Congress 측에서는 이 같은 상황에 대응해 재건을 시도했으나, 뚜렷한 리더십의 부재로 어려움을 겪었다. 이 와중에 등장한 인물이 바로 소니아 간디였다. 이탈리아 출신으로 라지브 간디 전 총리의 부인이자 인디라 간디의

소니아 간디

며느리인 그녀는, 남편의 암살 이후 정치에 뛰어들어 당의 대표를 맡았고, 위기에 빠진 Congress를 장기간 지탱했다.

대중적 카리스마보다는 상징성과 조직 결속력으로 당을 이끌었다. 이후에는 아들인 라훌 간디에게 당의 운영을 점차 넘기기 시작했으며, 최근에는 손녀인 프리얀카 간디 바드라까지 정치에 참여해 간디 가문의 정치적 유산을 이어 가려 하고 있다.

인도 정치의 또 다른 중요한 축은 연방제와 주 단위 정치권력이었다. 주정부의 자율성이 강한 인도에서 지역 정당이나 주 총리(Chief Minister)의 영향력은 중앙정부 못지않았다.

대표적인 예가 서벵골(West Bengal)을 기반으로 한 여성 정치 지도자 마마타 배너르지(Mamata Banerjee)였다. 그녀는 한때 Congress 출신이었으나 독자 정당인 트리나물 콩그레스(Trinamool Congress, TMC)를 창당하고, 서벵골에서 집권에 성공해 현재까지 주 총리로 재임 중이다. 그녀는 서민적 이미지, 강한 현장 정치력, 반 BJP 전선의 중심인물로서 인도 야권을 대표하는 인물 중 하나로 자리매김했다.

이렇듯 BJP와 Congress, 그리고 그 외 지역 기반 정당들과 여성 정치인들의 존재는 인도 정치의 다층적이고 역동적인 풍경을 보여 주었으며, 처음에는 단지 익숙하지 않은 이름이었던 이들 정당과 인물들이, 시간이 지날수록 현실을 구성하는 중요한 축으로 이해되었다. 인도에서 살면서 이들 정치 세력의 움직임은 단지 선거 결과만이 아닌, 일상의 변화, 지역 정책, 사회적 분위기, 그리고 개인의 삶까지도 깊이 관여하는 요소임을 직접 체감하게 되었다.

화폐 개혁 사건

2016년 11월부터 인도 전역의 은행이 마비된 적이 있다. 인도 정부가 2016년 11월 8일에 갑작스럽게 500루피와 1,000루피 지폐의 유통을 중지시켰기 때문이다. 이로 인해 이 두 가지 지폐는 더 이상 법적인 지불 수단이 아니게 되었다.

구권 500루피 지폐

이를 인도의 '고액 화폐 금지 사건'이라 하기도 하고, '데모네타이제이션'으로도 알려져 있다. 지하경제, 썩은 정치 관료들의 쌓아 둔 화폐를 못 쓰게 하기 위함이라는 의도가 있었다. 그러나 오히려 피해를 본 사람들은 전 재산을 현금으로 갖고 있던 시골 사람들이었다.

이 '데모네타이제이션'의 주요 목적은 불법 자금 유동성과 부정부패 문제를 해결하고, 테러와 세금 회피를 막기 위해 인도 경제를 규제하고 정비하는 것이었다. 이 방침은 인도 총리 나렌드라 모디가 주도하였으며, 갑작스러운 결정이었기 때문에 인도 국민에게 큰 혼란을 불러 일으켰다.

데모네타이제이션은 불법 자금의 유출을 억제하는 데에는 성공했지만, 일시적으로 소비와 경기에 불리한 영향을 미쳤고, 현금 유통이 주로 이루어지던 중소기업과 농촌 지역에서 영향을 크게 받았다. 일부 비즈니스는 현금 없이 운영하는 데 어려움을 겪었다.

이 데모네타이제이션은 다양한 의견이 있었지만, 인도 정부는 이 조치가 불법 활동을 억제하고 투명성을 증가시키는 데 도움이 될 것이라고 주장했다. 그러나 그 효과와 영향은 여전히 논란의 여지가 있다.

특히 주로 농촌 지역과 빈곤한 지역의 주민들은 은행 계좌를 가지지 않거나 디지털 결제 시스템을 사용하지 않는 경우가 많았기 때문에 500루피와 1,000루피 지폐가 유통을 중단하면서 현금 규모로 소득을 취급하는 사람들이 피해를 입었다. 따라서 기본 생활용품을 구매하는 데 어려움을 겪고, 경제적 어려움에 직면하게 되었다.

또한 대부분의 소상공인과 중소기업은 현금 거래를 선호했기 때문에 이런 화폐 개혁으로 인해 많은 소상공인들이 매출 감소와 현금 유동성 부족으로 힘든 시기를 겪었다.

주로 현금으로 급여를 받는 일반 노동자들은 500루피와 1,000루피 지폐가 폐지되면서 급여를 제때 받지 못하거나, 현금을 지급받기 어려워져서 생계유지에 어려움을 겪는 경우가 발생했다.

인도의 농민들은 주로 현금 거래를 이용하여 농작물을 구입하거나 판매하는 경우가 많아서 화폐 개혁으로 인해 농민들이 농작물을 팔고 현금으로 받기 어려워지면서 농업 부문이 영향을 받았다.

2016년 11월 이후 신권 2천루피와 5백루피 지폐

인도의 2016년 화폐 개혁(디모네티제이션)으로 가장 이득을 취한 계층은 인도 정부로, 불법 자금을 통제하고 세금 수입을 증가시킬 수 있었다. 화폐 개혁으로 인도 예비 은행(RBI)에 보관되어 있던 불법 자금들이 감소하면서 정부는 세금 수입을 증가시키고 경제적 투명성을 향상시킬 수 있었다.

　또한 이 화폐 개혁은 현금 사용을 감소시키고 디지털 결제 시스템과 인터넷 뱅킹 등을 장려하게 되었다. 이로 인해 인도의 디지털 경제가 촉진되고, 디지털 결제와 온라인 금융 시스템이 보다 널리 사용되는 효과를 볼 수 있었다.

　화폐 개혁으로 인해 많은 사람들이 은행 계좌를 개설하거나 디지털 결제 방식을 사용하기 시작했으며, 인도의 은행과 금융 기관은 예금과 수입이 증가하고 금융 포함성이 증대되는 이점을 누릴 수 있었다.

히말라야 립밤

한국인들이 인도에 여행을 오면 꼭 사 가는 물건들이 있다. '히말라야'로 불리는 제품들로. 약국처럼 '히말라야' 전용 판매점이 있는데 이곳에서 화장품, 비누, 치약, 립밤 등을 구입해서 한 보따리씩 사서 가져간다. 이들 제품은 가격이 저렴하고, 한국에서도 이름이 널리 알려져 있어서 지인들에게 비싼 돈을 들이지 않고도 가성비가 좋고 인기도 있는 선물을 전할 수 있기 때문이다.

인도 히말라야 샵

히말라야 제품 판매점 내부

히말라야 글로벌 홀딩스 주식회사는 인도에 본사를 두고 있으며, 건강, 개인용품 및 웰빙 산업에서 운영되는 인도의 다국적 기업이다. 이 회사는 다양한 허브 및 천연 제품의 생산과 마케팅으로 유명하다.

1930년에 M 매날에 의해 설립되었으며, 처음에는 인도의 작은 약국으로 시작되었다. 그 후로 글로벌 허브 건강관리 및 개인용품 시장에서 주요 역할을 수행하게 되었다. 회사의 제품은 전통적인 '아유르베다 원칙'을 기반으로 하며, 허브 및 식물 추출물과 같은 자연 성분을 활용하여 그 효과적인 성질로 알려져 있다.

히말라야 글로벌 홀딩스 주식회사가 제공하는 인기 있는 제품 카테고리로는 건강관리를 위한 간 건강, 소화기 건강, 면역 지원 등 다양한 건강 상태에 대한 허브 보충제, 치료 및 약제들이 있고, 얼굴 크림, 샴푸, 비누, 로션 등 자연 성분으로 만든 피부 관리, 머리 관리 및 바디 관리 제품들과 유아용 비누, 로션, 파우더, 기저귀 발진 크림 등이 있다.

인도 복제약

인도에서 생활하면서 휴가 때나 귀국하면서 한국에 갈 때, 인도 선물로 가장 많이 사 가는 물건은 히말라야 립밤을 포함한 히말라야 제품들이었지만, 때로는 선배 지인들에게 인도산 비아그라 복제약을 선물하는 직원들도 있었다.

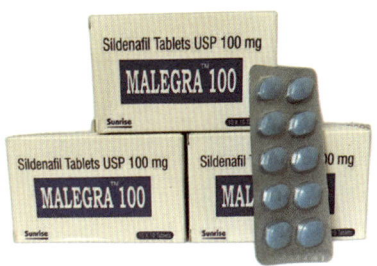

인도산 비아그라 복제 약품

이른바 '짝퉁 비아그라'는 인도 제약회사가 제조한 복제약품(Generic drug) 중 하나로, 성분은 미국 화이자(Pfizer)의 비아그라와 동일한 실데나필(Sildenafil citrate)이다.

인도는 세계 최대의 복제약 생산국 중 하나로, 특허 만료 약품이나 강력한 공익 사유에 따라 특허를 우회한 약품을 대량으로 제조하고 있다. 이 때문에 인도에서 판매되는 복제약은 가격이 매우 저렴하면서도 품질은 상당히 괜찮은 편이다.

비아그라는 1998년에 미국에서 처음 출시되었지만, 인도에서는 일찍부터 이를 복제한 다양한 제품들이 시중에 나왔다. 심지어 이름도 'Malegra', 'Kamagra', 'Sildigra', 'Suhagra' 등, 본품과는 다르지만 누가 봐도 어떤 용도인지 짐작할 수 있는 상표들로 유통된다. 가격은 정품의 10분의 1도 안 되는 경우가 많아, 한국에서는 상상도 할 수 없는 가격에 구입이 가능하다.

이러한 복제약의 유통은 인도 정부의 정책적 배경과도 관련이 있다. 인도는 1970년대 이후 의약품에 대한 '제품 특허'가 아닌 '공정 특허'만 인정해 왔고, 이로 인해 제약회사들은 동일 성분을 다른 제조 방식으로 생산해 합법적으로 복제약을 판매할 수 있었다. 물론 2005년 이후 세계무역기구(WTO)의 협정에 따라 일부 규제가 강화되었지만, 여전히 공익을 위한 복제는 인정되는 경우가 많다.

인도의 복제약 산업은 세계적인 규모이며, 빈곤한 국가나 의료 혜택이 부족한 사람들에게 저렴하고 효과적인 대안이 되고 있다. '짝퉁'이라는 단어가 주는 부정적인 이미지와는 달리, 이들은 정식으로 허가를 받은 공장에서 생산되며, 효과 또한 충분히 입증된 약품인 경우가 많다.

타지마할 팰리스 호텔 테러 사건

남부 뭄바이는 뭄바이에서 가장 매력적인 지역 중 하나로, 역사적인 건축물들과 세련된 카페, 오래된 레스토랑들이 즐비해 있어 휴일에는 시간이 날 때 종종 이곳을 찾곤 했다. 특히 게이트 오브 인디아(Gateway of India)를 중심으로 펼쳐지는 해안 풍경과, 그 맞은편에 우아하게 서 있는 '타지마할 팰리스 호텔'은 남부 뭄바이를 대표하는 상징적인 풍경이다.

25년 5월 뭄바이 남부 Gate of India

현장 동료들과 함께 전통 음식점을 방문하거나 휴일에 혼자서 해질 무렵 그 일대를 산책할 때면, 타지마할 팰리스 호텔의 장엄한 외관에 시선이 머물렀다. 그러나 이 아름다운 장소를 바라보며 느끼는 감상에는 늘 한편에 묵직한 감정이 함께했다. 2008년 11월 26일, 바로 이 호텔에서 발생한 끔찍한 테러 사건을 현지 직원들로부터 이야기를 전해 들었기 때문이다.

25년 5월 뭄바이 남부 타지마할 팰리스 호텔

파키스탄의 무장단체 라시카르-에-타이바 소속의 테러범 10명이 바다를 통해 뭄바이에 침입하여, 타지마할 팰리스 호텔을 비롯해 CST 기차역, 나리만 하우스, 오베로이 트라이던트 호텔 등 도시의 주요 지역을 동시에 공격하였다. 총기와 수류탄을 동원한 이들의 공격은 민간인과 외국인을 가리지 않았고, 특히 타지마할 팰리스 호텔에서는 수백 명이 인질로 잡힌 채 60시간 넘게 긴박한 인질극이 벌어졌다. 불길이 치솟는 호텔 건물, 총성과 폭발음 속에서 공포에 떨었던 생생한 이야기들은 타지마할 팰리스 호텔을 지날 때마다 긴장하게 만들었다. 이 테러로 166명이 목숨을 잃고, 300명 이상이 부상을 입었으며, 인도 사회 전체는 깊은 충격에 빠뜨렸다. 인도 정부는 이후 국가 보안 체계를 대폭 강화했지만, 사람들의 마음속에는 테러의 상처가 쉽게 지워지지 않았다.

타지마할 팰리스 호텔 테러 사건 이후, 인도 전역의 고급 호텔들에서는 보안이 대폭 강화되었다. 호텔 진입 차량은 호텔 입구에 도달하기 전에 경비 인력이 차량의 엔진 덮개와 뒷트렁크를 열어 폭발물 여부를 확인하고, 거울이 부착된 반사경으로 차량 하부를 철저히 점검하는 절차가 도입되었다. 이러한 조치는 호텔 내부로의 위험 요소 유입을 사전에 차단하기 위한 것이다.

또한, 호텔 로비 입장 시에도 공항 수준의 보안 검색이 이루어지기 시작했다. 숙박객은 물론 로비를 출입하는 모든 사람들의 짐은 엑스레이 스캐너를 통해 검사하고, 금속탐지기 통과와 함께 간단한 신체 수색까지 시행하는 과정이 인도 호텔의 일상적인 풍경이 되었다.

그러한 강화된 보안 속에서도, 2011년 7월 13일 뭄바이에서는 또다시 도시 전체를 충격에 빠뜨리는 폭탄 테러가 발생했다. 자베리 바자르(Zaveri Bazaar), 오페라 하우스, 그리고 다다르(Dadar) 지역에서 거의 동시에 일어난 세 건의 폭발로 26명이 목숨을 잃고 130여 명이 부상을 입었다. 당시 뭄바이에 실제로 거주하고 있었기 때문에 상황은 더욱 실감 나게 다가왔고, 특히 자주 오가던 다다르 지역에서 폭탄이 터졌다는 소식은 극심한 불안과 충격을 안겨 주었다.

그 사건 이후로도 늘 마음 한편에는 또다시 비슷한 일이 발생하지 않을까 하는 불안감이 자리 잡고 있었지만, 다행히도 그 뒤로 귀국할 때까지 추가적인 테러는 발생하지 않았다.

뭄바이 JIO WORLD

25년 5월 인도를 여행하면서 뭄바이에서 아직도 10년째 근무 중인 삼성물산 후배의 도움으로 뭄바이 'JIO WORLD (DAICEC Complex Project의 새로운 이름)'의 내부를 상세히 둘러볼 수 있었다.

JIO WORLD는 삼성물산이 수주해서, 2019년 3월 세기의 결혼식인 무케시 암바니 회장의 장남인 아카시 암바니 결혼식이 열렸던 곳으로,

JIO WORLD NMACC

개인적으로는 이 프로젝트에서 현장소장으로 2015년 12월부터 2020년 2월까지 약 4년 동안 참여했다.

JIO World는 인도 뭄바이의 BKC에 위치한 인도의 대표적인 복합문화, 비즈니스 센터로, Jio World Convention Centre, Nita Mukesh Ambani Cultural Centre(NMACC), Jio World Plaza, Dhirubhai Ambani Square 등의 다양한 시설을 갖추고 있다.

그중에 특히 Convention Centre는 총 10만 제곱미터가 넘는 공간에 전시홀과 컨퍼런스홀, 회의실, 볼룸 등을 갖춘 인도 최대 규모의 전시, 컨퍼런스 시설로서 국제적인 산업 박람회와 기업 행사 등을 개최한다.

JIO WORLD 전시장

또한 아시아 제1의 부호인 무케시 암바니 회장은 인도 전통 무용수 출신인 부인 니타 암바니를 위해 2,000석 규모의 대극장을 비롯한 다양한 소극장과 전시 공간을 갖춘 문화 복합 시설을 특별히 건립을 주문하였으며, 전통예술과 현대 공연이 함께 어우러지는 이 문화 허브는 JIO WORLD 프로젝트의 핵심 공간 중 하나로, 완공 후 '니타 무케시 암바니 문화센터(NMACC)'로 명명되었다.

JIO WORLD 내 2천석 규모의 대극장

JIO WORLD 내에 인도 최고 수준의 럭셔리 쇼핑몰로 운영되고 있는 Jio World Plaza는 루이비통, 샤넬, 에르메스 등 세계적인 명품 브랜드와 고급 레스토랑들이 입점해서, 인도 내에서 가장 고급스러운 명품 쇼핑 공간이 되었다. 그러나 입점 브랜드들의 가격대가 일반인들이 감히 접근하기 어려운 수준인 데다, 실제 인도의 최고 부유층들은 주로 해외에서 명품을 구매하는 경향이 있어서, 쇼핑몰 내 매장들이 상대적으로 한산한 분위기를 보이고 있었다.

JIO WORLD PLAZA

JIO World 북측에 조성된 분수 광장은 무케시 암바니 회장의 부친이자 릴라이언스 그룹의 창업자인 선대 회장의 이름을 따 'Dhirubhai Ambani Square'로 명명되었다.

2019년 3월 아카시 암바니 결혼식 피로연 야간 분수쇼

　이곳의 음악 분수는 두바이 버즈 칼리파 타워 앞 분수와 미국 라스베가스 벨라지오 호텔 앞 분수를 설계한 세계적인 분수 전문 기업 WET가 주도하여 조성되었다.

　이곳은 음악과 조명이 어우러진 화려한 분수 쇼가 펼쳐지며, 세계 수준의 시각적 즐거움을 동시에 선사한다. 특히, 다양한 색상의 조명이 물줄기를 따라 역동적으로 변화하고, 음악에 맞춰 리듬감 있게 움직이는 물의 흐름은 감탄을 자아낸다. 여기에 간헐적으로 분출되는 가스불이 더해져 환상적인 장관을 연출하며, 단순한 분수를 넘어선 압도적인 공연 예술을 선사한다. 이처럼 뛰어난 시청각 연출은 이 공간을 도심 속에서 특별한 문화 체험을 즐길 수 있는 명소로 만들어 주고 있다.

　JIO WORLD는 뭄바이 국제공항에서 약 9km 거리로 접근성이 우수하고, 문화와 비즈니스, 쇼핑과 여가를 모두 아우르는 도시형 복합공간으로 현대적인 건축미와 인도 고유의 전통이 조화를 이루는 새로운 상징적 랜드마크가 되었다.

델리 그루가온 신도시

2025년 5월 아그라 타지마할을 둘러본 후 델리로 돌아오는 길에는, 델리의 신도시 격인 그루가온에서 근무 중이던 삼성물산 후배의 안내로 그루가온 도심을 둘러보았다.

그루가온은 인도 뭄바이에서 6년 반을 살면서 말로만 들어오다가 이번에 처음으로 둘러보았는데 마치 두바이의 한 부분을 보는 느낌이 들 정도로 매우 인상적이었다.

2025년 5월 그루가온 사이버 허브

구르가온(현재 공식 명칭: 구루그람)은 인도 수도권의 전통적인 대도시들인 델리나 뭄바이와는 확연히 다른 성격을 지닌, 신흥 선진 도시의 대표 주자로 부상하였다.

과거의 농촌 마을이었던 이곳은 불과 수십 년 사이에 초고속으로 변화하여, 지금은 고층 유리 빌딩과 글로벌 기업 본사, 스타트업 허브, 스마트한 주거지와 대형 쇼핑몰이 어우러진 미래 지향적 도시로 자리매김하고 있다.

특히 구르가온은 인도의 기존 도시들이 지닌 낙후된 인프라와 관료주의, 혼잡한 구시가지의 틀을 벗어나, 철저히 민간 주도의 계획 개발과 외자 유치를 통해 '다른 인도'를 보여 주는 상징적 공간이다.

2025년 5월 그루가온 사이버 허브

구르가온의 가장 큰 강점 중 하나는 세계적인 다국적 기업들의 적극적인 유치에 성공했다는 점이다. 삼성, 구글, 마이크로소프트, IBM, 에릭슨, 아마존, 마스터카드 등 글로벌 플레이어들은 이곳에 대규모 캠퍼스를 운영하고 있으며, 이러한 기업들은 우수한 인재와 스마트 인프라를 갖춘 구르가온에 본부나 주요 업무 거점을 두고 있다.

특히 사이버 시티(Cyber City)와 골프 코스 로드(Golf Course Road) 인근은 수많은 글로벌 기업의 본사와 고급 상업시설이 밀집해 있어, 구르가온을 아시아 경제 네트워크의 중요한 노드로 만들었다.

2025년 5월 그루가온 사이버 허브

이러한 국제화된 환경은 젊은 층의 선호도를 크게 끌어올리는 데 기여했다. 구르가온은 인도 전역의 야심 찬 청년들, IT 전문가, 스타트업 창업자들이 몰려드는 '청년의 도시'로 자리 잡았다.

델리나 뭄바이보다 더 쾌적한 거주 환경과 깨끗한 도로, 현대적인 사무공간, 글로벌 수준의 교육 및 의료 시스템은 젊은 세대에게 도전과 기회의 공간으로 다가오며, 동시에 라이프스타일을 중시하는 새로운 도시 문화를 형성하고 있다. 고급 아파트 단지, 루프탑 바, 국제학교, 미셰린급 레스토랑, 테크놀로지 중심의 카페 문화까지, 이 도시는 더 이상 전통적인 인도 도시의 틀 안에 있지 않다.

무엇보다 구르가온의 발전은 기존 인도 도시에서 흔히 접할 수 있는 비효율적인 공공 행정 시스템의 한계를 민간 중심의 도시 모델로 극복했다는 점에서 높이 평가된다.

구르가온은 대부분의 도시 개발이 DLF 등 민간 부동산 개발회사의 주도로 이루어졌으며, 전통적인 지방정부 중심 개발 방식과 달리 효율성과 속도를 중시한 결과, 고급 주거지와 오피스타운이 상호 유기적으로 조화를 이루는 구조로 빠르게 정착되었다. 이 같은 구조는 빠르게 변하는 글로벌 경제 환경에 신속히 대응할 수 있는 유연한 시스템을 가능하게 하였고, 동시에 높은 생산성과 기업 운영의 효율성을 담보하는 기반이 되었다.

또한 구르가온은 '스마트 시티'라는 비전 아래 최신 기술 인프라를 선도적으로 도입하였다. IoT 기반의 교통 시스템, 자동화된 에너지 관리 시스템, 보안 감시 네트워크, 디지털화된 행정 서비스 등은 구르가온을 기술 기반의 미래 도시로 탈바꿈시키는 핵심 요소다. 특히 델리 메트로의 연장을 통한 도시 간 연계, 고속도로를 중심으로 한 도심 순환 교통망 구축은 도시의 접근성을 획기적으로 개선시켰으며, 이는 업무와 생활의 경계를 최소화하는 공간 구조로 이어지고 있다.

환경적 측면에서도 구르가온은 기존 인도 도시들과는 차별화된 전략을 추구하고 있다. 아라발리 산맥 인근의 자연환경을 고려한 도시 설계, 녹지 비율 확보, 친환경 건축물 도입 등은 지속가능성과 도시 미관을 동시에 고려한 정책으로 이어지고 있다. 고급 주택가와 비즈니스 파크 사이에 설계된 녹지와 산책로는 시민들의 삶의 질을 높이는 요소로 작용하며, 도심 속 웰빙이라는 새로운 도시 철학을 실현하고 있다.

결론적으로 구르가온은 인도의 전통적 도시 모델에서 벗어나, 새로운 도시 개발의 성공 사례로 국제적 주목을 받고 있다. 경제 자유화 이후의 인도에서 가장 실험적이고도 성공적인 도시 발전 모델을 보여 주고 있는 구르가온은, 글로벌 기업의 유치, 민간 중심 개발, 젊은 인재들의 집중, 스마트 인프라 도입, 환경 친화적인 도시 구조 등을 통해 기존의 인도 도시와는 완전히 다른 양상을 띠고 있다. 앞으로도 구르가온은 아시아의 차세대 미래 도시로서, 인도의 도시 발전 전략에 있어 하나의 이정표로 기능할 것이다. 이 도시는 더 이상 델리의 위성도시가 아니라, 독자적인 경제, 문화, 기술 생태계를 지닌 선진 도시로서, 인도의 미래를 선도하고 있는 셈이다.

7

인도 주요 여행지

아그라 타지마할

인도에는 BBC가 정한 세계 50대 명소 중 아그라의 타지마할과 암리차르의 황금 사원이 선정되어 있다.

2012년 1월에는 인도에 살면서 처음으로 타지마할을 찾아보았고, 2025년 5월에는 한국에서 인도를 자유 여행하면서 두 번째로 다시 찾았다.

25년 5월 아그라 타지마할

첫 번째 방문 때는 델리에서 열차를 타고 이동하였고, 두 번째 방문에는 델리에서 아그라까지 6차선 야무나 고속도로가 개통되어서 델리에서 당일치기로 다녀올 수 있었다.

아그라에 도착해서 만난 현지 가이드는 타지마할 전반에 대해 상세히 설명해 주었고, 사진 포인트마다 그의 연출에 따라 기념이 될 수 있도록 사진을 잘 찍어 주었다.

타지마할(Taj Mahal)은 인도 '우타르 프라데시주'의 아그라에 위치한 무굴 제국 시대의 대표적인 건축물로, 1983년 유네스코 세계문화유산으로 지정되었다.

25년 5월 타지마할 전면부 정원

17세기 무굴 제국 제5대 황제 샤 자한(Shah Jahan)이 사랑하는 아내 뭄타즈 마할(Mumtaz Mahal)의 죽음을 애도하며 그녀를 위해 건축한 묘당으로, 순백의 대리석으로 정교하게 지어진 이슬람식 무덤 건축물이다.

타지마할은 1632년에 착공되어 1653년에 완공되었으며, 전체 단지에는 묘당뿐 아니라 모스크, 정문, 정원, 수로, 부속 건물 등이 포함되어 있다.

중심 건축물인 대리석 묘당은 중앙에 돔을 갖춘 형태이며, 4개의 첨탑(minaret)이 대칭을 이루며 묘당을 둘러싸고 있다. 이 대칭성과 정원 설계는 페르시아 및 이슬람 건축 양식을 따르면서도 인도 무굴 건축 특유의 정교함이 더해져 세계 건축사에서 높은 평가를 받고 있다.

타지마할은 무굴제국의 건축과 예술 및 기술의 정점으로 평가되며, 대리석 외벽에는 정교한 아라베스크 문양과 코란 구절이 새겨져 있고, 내벽에는 반귀석(inlay)으로 장식된 꽃무늬가 가득하다.

돔 내부에는 에코 현상이 나지 않도록 건축적 배려가 되어 있으며, 건물 전체는 완벽한 대칭을 이루도록 설계되었다. 정원은 이른바 '차하르 바그(Chahar Bagh)'라는 이슬람식 4분할 정원으로, 인류가 상상한 낙원을 상징한다.

정문을 입장해서 눈앞에 보이는 타지마할의 전경은 여전히 압도적인 아름다움을 자랑했고, 대리석 본당 내부에는 샤 자한과 뭄타즈 마할의 관이 나란히 놓여 있다.

2025년 방문 시에는 현지 영어 가이드를 동행하여 건축물의 역사와

25년 5월 타지마할 석재 마감 디테일

구조에 대해 상세히 설명을 들을 수 있었다.

타지마할의 첨탑이 지진에도 무너지지 않도록 바깥쪽으로 약간 기울어 설계되었다는 점, 대리석에 박힌 보석들이 오리지널은 아니지만 복원된 것들이며, 태양의 각도에 따라 묘당 외벽 색이 변화한다는 설명이 특히 인상적이었다.

남측 정문의 건물에 11개씩 2열로 세워진 22개의 돔은 타지마할이 22년에 걸쳐 완공되었다는 의미라고도 가이드가 설명해 주었고, 타지마할 외벽의 흰색 대리석은 외부의 뜨거운 열을 받아도 표면이 온도가 올라가지 않는다고 했다.

인도는 다종교, 다민족 국가로 다양한 건축 양식이 존재하지만, 타지마할만큼 국제적으로 사랑받는 건축물은 드물다. 특히 이슬람 무덤 건축의 정수이자 인간의 감정을 공간으로 형상화한 유례없는 건축물이기 때문이다.

　13년 만에 다시 찾은 타지마할은 여전히 변함없는 위용과 아름다움을 간직하고 있었다. 시간이 흘러도 색이 바래지 않는 순백의 대리석, 계절과 시간에 따라 달리 보이는 묘당의 빛, 그리고 수많은 관람객 속에서도 엄숙함을 잃지 않는 그 분위기 속에서, 이 건축물이 왜 오랜 세월 동안 세계인의 사랑을 받아 왔는지를 다시금 실감했다.

암리차르 황금 사원

암리차르는 시크교의 성지로, 이곳에 위치한 황금 사원은 시크교 신도들에게 있어 가장 신성한 장소 중 하나이다.

인도 뭄바이에 거주하는 동안, 2016년 5월 암리차르를 여행하면서 시크교의 총 본산인 황금 사원을 찾았다.

2016년 5월 암리차르 황금 사원(시크교)

황금 사원은 낮에도 아름답지만, 밤이 되면 사원의 황금빛이 연못 위에 반사되면서 더욱 경이로운 광경을 연출한다. 사원의 중심에는 시크교의 성전인 그루 그란트 사힙경(Guru Granth Sahib)이 모셔져 있으며, 이 성전은 시크교의 신앙과 가르침의 근간을 이루는 중요한 경전이다.

시크교는 15세기 구루 나나크(1469-1539)에 의해 창시되었으며, 이후 10대 구루를 거치면서 체계가 확립되었다. 이 종교는 단순한 신앙 체계를 넘어 사회적 평등, 인권, 정의, 진실성과 같은 가치를 매우 중요하게 여긴다. 시크교도들은 신과의 일체감을 강조하며, 신 앞에서 모든 인간이 평등하다는 신념을 가지고 있다.

이러한 평등사상의 일환으로, 시크교 사원에서는 계급이나 신분, 종교에 관계없이 누구나 무료로 식사를 할 수 있는 '랑가르(Langar)'라는 공동 식사 문화를 운영하고 있다.

암리차르의 황금 사원에서도 거대한 무료 급식소가 운영되고 있는데, 이곳에서는 하루에도 수만 명이 무료 식사를 제공받는다. 방문 당시, 수많은 자원봉사자들이 커다란 솥에서 음식을 조리하고, 방문객들에게 정성스럽게 음식을 나누어 주는 광경을 볼 수 있었다.

식사를 원하는 사람은 누구든지 일렬로 앉아 기다리면, 봉사자들이 차례로 음식을 나누어 준다. 밥과 렌틸콩 수프, 야채 커리, 차파티 등으로 구성된 간단한 식사지만, 모두가 평등한 대접을 받으며 식사를 함께하는 모습은 시크교의 정신을 그대로 보여 주는 장면이다.

시크교는 종교적인 수행뿐만 아니라 사회적 봉사에도 큰 가치를 두고 있으며, 신도들은 항상 다른 사람을 돕는 것을 신성한 의무로 여긴다.

특히 시크교의 사원에서는 가난한 이들을 위한 무료 숙소도 제공하며, 어려운 처지에 있는 사람들에게 도움의 손길을 내미는 것이 종교적 실천의 한 부분으로 여겨진다.

또한, 시크교도들은 터번을 쓰고 칼을 차고 다니는 것으로 유명한데, 이는 단순한 외형적인 특징이 아니라, 정신적 힘과 사회적 평등을 상징하는 중요한 요소이다. 터번은 자신의 정체성과 신념을 상징하며, 칼은 정의를 수호하고 약자를 보호한다는 의미를 가진다.

시크교인들 전통 복장

이러한 이유로 인해 인도의 건설 현장에서도 시크교도들은 안전모를 쓰지 않고 터번만 착용하는 것이 허용된다. 그만큼 터번은 시크교 신도들에게 있어 단순한 복장이 아니라, 신앙과 정체성을 나타내는 중요한 요소이다.

황금 사원을 방문하며 직접 경험한 시크교의 평등 정신과 봉사 문화는 매우 인상적이었으며, 종교의 역할이 단순한 신앙을 넘어 사회적 실천과 연대감 속에서 실현될 수 있다는 점을 깊이 느낄 수 있는 계기가 되었다.

암리차르는 인도 서부 뭄바이에서 국내선을 타고 약 2시간 10분 거리의 인도 북부 펀자브 주의 중심 도시이다. 암리차르 도심에서 와가 국경까지는 약 30km 떨어져 있으며, 대략 1시간이 걸린다.

인도 북부 지방이라 해서 처음에는 산악지대일 것이라는 막연한 선입견을 가지고 있었지만, 실제로 차창 밖으로 펼쳐진 풍경은 전혀 달랐다. 도로 양옆으로 끝없이 이어지는 너른 평야, 잘 정돈된 논과 밭, 그리고 그 사이를 천천히 걷는 소들과 농부들의 모습이 조화를 이루며 전형적인 농업 중심 지역의 풍요로움을 보여 주었다. 펀자브가 왜 '인도의 곡창지대'라 불리는지 실감이 되었고, 이토록 넓은 땅덩이를 가진 인도가 얼마나 방대한 나라인지를 다시금 느낄 수 있었다.

국경에 가까워질수록 분위기는 서서히 달라지기 시작했다. 도로 옆으로는 철조망과 감시탑이 간간히 보였고, 인도 군대의 캠프와 훈련장이 나타났다. 무장한 병사들이 삼엄하게 경계하고 있었으며, 국경 지역 특유의 긴장감이 공기 속에 서려 있었다. 마치 한국의 전방 지역을 떠올리게 하는 풍경이었다.

와가 보더에 도착하자, 이미 현장은 인도 국민들로 북적이고 있었다. 수많은 차량이 도로 옆에 주차되어 있었고, 각종 음료와 간식을 파는 노점상이 길가를 따라 늘어서 있었다. 인파에 휩쓸리지 않기 위해 외국인 전용 입구를 통해 입장했고, 외국인용 좌석이 따로 마련되어 있어 상대적으로 쾌적하게 자리를 잡을 수 있었다. 인도 국민들의 열정적인 분위기와 대비되어, 외국인 구역은 비교적 조용하고 여유로운 분위기였다.

2016년 5월 와가 보더 국기 하강식

본격적인 행사는 오후 6시에 시작되었지만, 행사 시작 2시간 전인 오후 4시에 입장했다. 이 시기 펀자브의 날씨는 무더위가 절정에 달하는 시기로, 기온이 무려 45도 이상이라서 그늘도 없는 관람석에서 기다리는 시간은 말 그대로 인내의 시간이었다. 더위를 이겨 내기 위해 물을 자주 마시고, 간간이 부채질을 하며 버텨야 했다. 그러나 주위를 둘러보면, 인도 시민들은 이 무더위 속에서도 서로의 얼굴에 국기를 페이스페인팅하거나, 국기를 흔들며 인도 국가를 부르며 들뜬 분위기를 연출하고 있었다.

드디어 6시가 되자, 와가 보더 국기 하강식이 시작되었다. 행사장은 국경을 중심으로 양쪽에 인도와 파키스탄의 철문이 마주보는 구조로 되어 있다. 각각의 문 뒤쪽에는 국기와 군대가 배치되어 있었고, 중앙에는 두 나라를 나누는 국경선이 뚜렷하게 표시되어 있다.

인도 국경수비대(BSF) 대원들이 먼저 등장해, 일사불란한 구호와 함께 행진을 시작했다.

와가 보더 인도 측 관중석(왼쪽 텅 빈 파키스탄 관중석과 대조)

그러나 이 행진은 단순한 군사적 이동이 아니다. 발을 높이 들어 과장되게 차는 동작, 가슴을 쾅쾅 치는 듯한 위엄 있는 자세, 파키스탄 쪽을 향해 위협적으로 손을 뻗는 동작들은 마치 연극처럼 극적인 요소를 담고 있다. 이러한 동작 하나하나에 수천 명의 인도 관객들이 환호하고 박수를 보냈다. '힌두스탄 짠다바드!(Hindustan Zindabad, 인도 만세!)'라는 구호가 관람석을 메아리처럼 울렸고, 분위기는 점점 고조되어 갔다.

파키스탄 쪽에서도 국경수비대가 같은 시간에 대응하는 형태로 의식을 진행했지만, 관람석의 규모나 인파의 열기 면에서 인도 측이 훨씬 압도적이었다. 실제로 인도 측 관람석은 관람객을 수용하기에 부족해 추가 확장 공사가 진행 중이었다.

2016년 5월 와가 보더 국기 하강식 인도 측 관람석

국기 하강은 인도와 파키스탄 양측이 동시에 맞춰 진행되었다. 두 나라의 군인들이 엄격한 군기 아래 각각의 국기를 천천히, 그러나 힘 있게 하강시켰고, 마지막으로 문이 닫히며 행사는 약 30분 만에 종료되었다.

이 국경 의식은 과거 양국 간의 긴장과 대립의 상징이었지만, 지금은 하나의 관광 명소로 변화하여 수많은 방문객들이 찾는 명소로 자리 잡았다. 애국심과 감정을 적극적으로 표현하는 인도 국민성에 잘 어울리는 행사이고, 단순한 군사 퍼포먼스를 넘어 문화와 정체성이 결합된 하나의 쇼처럼 느껴졌다. 정치적 긴장 속에서도 이런 상호 비교적인 의식을 매일 정해진 시간에 반복한다는 것이 인상 깊었으며, 이러한 형태로 긴장과 화해가 공존할 수 있다는 점도 인상적이었다.

방문 전에는 단지 외국인 관광객으로서 보기 드문 체험을 한다는 기대감이었지만, 막상 현장을 경험하고 나니, 인도의 국가적 자부심과 문화적 특성이 집약된 상징적인 공간으로 기억되었다.

마두라이 미낙시 암만 힌두교 사원

2004년 3월 인도 남부 타밀나두(Tamil Nadu) 주 마두라이에 위치한 미낙시 사원을 여행하였다.

인도 남부 마두라이 미낙시 힌두사원

사원의 외부에 우뚝 솟은 고푸람에서부터 내부의 회랑, 천 개의 기둥으로 이루어진 홀, 정갈한 연못, 그리고 주변의 전통 시장까지 두루 둘러보았다. 현지 가이드의 안내를 따라 사원 내부에 조각된 신상 하나하나의 상징과 그 배치에 담긴 의미를 이해해 나가는 과정은, 이 거대한 힌두교 사원이 지닌 위엄을 더욱 실감하게 해 주었다. 신자들이 향과 꽃을 바치며 기도하는 모습을 옆에서 지켜보는 것만으로도, 인도 힌두교 문화가 지닌 깊은 신앙심과 정성스러운 예배 의식의 분위기를 고스란히 느낄 수 있었다.

2004년 3월 미낙시 사원 금련지 연못

미낙시 암만 사원(Meenakshi Amman Temple)은 남인도의 힌두교 전통과 드라비다 건축 양식이 가장 정교하게 구현된 대표적인 성지로, 여신 미낙시(Meenakshi)와 그 배우자인 순다레슈와라(Sundareswarar)를 모시는 이중 신전 구조를 지닌 대형 복합 사원이다.

이 사원은 단순한 종교 시설을 넘어 마두라이 도시의 역사, 문화, 사회, 경제 전반을 형성하고 있는 중심축으로 기능해 왔으며, 현재도 하루 평균 수만 명에 달하는 참배객과 관광객이 방문하는 남인도 최고의 순례지 중 하나이다.

2004년 3월 금련지 연못 황금 로터스

미낙시 여신은 힌두교 시바파에서 시바 신의 화신인 파르바티 여신과 동일시되며, 특히 타밀 지역에서 여성 신앙의 핵심 존재로 숭배된다. '미낙시'라는 이름은 타밀어로 '물고기 눈을 가진 여신'이라는 뜻을 가지고 있으며, 이는 그 눈빛이 중생을 꿰뚫고 구원한다는 상징적 의미를 담고 있다.

순다레슈와라는 시바 신의 현신으로 미낙시의 배우자이며, 사원은 두 신의 부부 관계를 반영하듯 대칭적인 두 중심 성소로 구성되어 있다. 이 사원의 역사는 기원전까지 거슬러 올라가지만, 현재의 사원 구조 대부분은 16세기부터 17세기 중엽에 이르는 나야크(Nayak) 왕조 치하에서 집중적으로 조성되었다. 특히 티루말라이 나야크(Tirumalai Nayak)의 통치기에 대규모의 증축과 예술적 장식이 더해져 지금과 같은 웅장한 형태를 갖추게 되었다.

사원의 전체 부지는 약 6헥타르에 달하며, 외벽으로 둘러싸인 사각형 공간 내에는 여러 개의 신전, 회랑, 전각, 연못, 고푸람(gopuram)이라 불리는 입구 탑들이 복잡하면서도 질서정연하게 배치되어 있다. 총 14개의 고푸람은 각각 방향성과 기능에 따라 크기와 높이가 다른데, 그 중 남쪽 고푸람은 높이 약 52미터로 가장 높으며, 무려 수천 개의 신상과 신화적 인물, 동물, 꽃무늬 조각으로 장식되어 있어 남인도 힌두 미술의 정수를 보여 준다.

고푸람은 단순한 출입 구조물이 아니라 힌두 우주관에서 신의 세계로 들어가는 문을 상징하며, 그 장식들은 우주와 신화의 이야기를 시각적으로 표현한 일종의 입체적인 경전이라 할 수 있다.

사원 중심에는 금으로 장식된 미낙시 여신의 신전과 순다레슈와라 신전이 마주 보듯 위치해 있으며, 그 앞에는 금련지(Golden Lotus Tank)라 불리는 연못이 있다. 이 연못은 예배를 위한 정화 의식이 행해지는 신성한 장소로, 고대부터 시인과 철학자들이 지혜의 깨달음을 얻는 곳으로도 여겨졌다.

사원 내부에는 수많은 회랑과 전각이 존재하는데, 그중 가장 인상적인 공간은 아야람 칼 만다팜(Aayiram Kaal Mandapam), 즉 '천 개의 기둥 홀'이다. 실제로는 985개의 기둥이 배치되어 있으며, 각각의 기둥은 정교한 조각으로 채워져 있다. 이 조각들에는 신들의 이야기뿐만 아니라 당시 사회상, 악기 연주자, 무희, 동물 등이 생생하게 표현되어 있어 일종의 역사 기록물 역할도 한다.

특히 이 홀의 기둥 일부는 두드렸을 때 서로 다른 음을 내는 '음악 기둥'으로, 건축과 음향의 절묘한 결합을 보여 주는 사례로 자주 언급된다.

사원의 주요 축제는 매년 4월~5월경에 열리는 미낙시 티루칼야남(Meenakshi Thirukalyanam)으로, 미낙시 여신과 순다레슈와라 신의 신성한 결혼을 재현하는 의식이다. 이 12일간의 축제는 남인도 전역은 물론 해외에서 온 순례자들까지 포함하여 수십만 명이 몰려드는 대규모 행사이며, 축제 기간 동안 마두라이 도심 전체가 제의와 음악, 춤, 음식으로 넘쳐난다.

사원 내부에서의 예배 의식은 하루에도 여러 차례 열리며, 북과 피리 소리가 끊임없이 울려 퍼지고, 신자들은 머리에 꽃을 이고 연못에서 정화 의식을 마친 뒤, 성소 앞에서 무릎 꿇고 기도한다.

사원 방문 시에는 몇 가지 규율이 있으며, 신자와 비신자를 구분하지 않고 입장할 수 있으나, 주요 신상과 제단이 위치한 '가르바그리하(Garbhagriha)'는 힌두교도만 출입이 가능하다.

사원 내 일부 구역은 사진 촬영이 제한되며, 이는 신성성 유지를 위한 조치로 엄격히 관리되고 있다. 사원을 둘러싼 마두라이 시는 미낙시 사원을 중심으로 방사형으로 설계된 고대 도시 구조를 유지하고 있으며, 사원 주변에는 참배객과 관광객을 위한 숙소, 전통 시장, 향과 꽃을 파는 노점들이 밀집해 있다.

방문자는 사원 구경을 마친 뒤, 인근 식당에서 도사(Dosa), 이들리(Idli), 사앰바(Sambar) 등의 남인도 전통 요리를 쉽게 접할 수 있으며, 이는 종교 체험과 문화 체험이 자연스럽게 연결되는 마두라이 여행의 큰 즐거움 중 하나다. 마두라이는 또한 타밀 문화의 중심지로서 문학, 음악, 무용 등 다양한 예술 분야에서 두각을 나타낸 도시이며, 미낙시 사원은 이 모든 예술적 전통이 결집된 살아 있는 유산으로 기능하고 있다.

이처럼 미낙시 암만 사원은 단순한 종교 건축물을 넘어서서, 인도 남부 문명의 정수와 예술, 신앙, 공동체 정신이 융합된 종합 문화유산으로 평가받기에 충분하다.

바라나시 갠지스강

갠지스강은 인도 북부를 흐르다가 방글라데시를 거쳐 벵골만으로 흘러드는, 길이 약 2,500km에 달하는 인도의 대표적인 강이다.

2012년 1월 인도 바라나시 갠지스강

히말라야산맥의 강고토리 빙하에서 발원하여 인도 북부를 동쪽으로 흐르다가 비하르주 동쪽 경계에서 남동쪽으로 방향을 틀어 방대한 벵골 평야를 지나 벵골만으로 흘러간다.

갠지스강은 단순한 자연적 수계가 아니라, 인도인의 삶과 역사, 문화, 종교와 깊이 얽혀 있는 성스러운 강으로, 바라나시, 하리드와르 등 힌두교의 대표적인 성지를 거쳐 흐르며 수많은 신앙적 의식과 전통이 깃들어 있다.

2012년 1월 갠지스강 화장용 목재

갠지스강은 인도에서 6년 반 동안 살면서 겨울과 여름, 두 번 방문한 기억이 생생하다. 특히 2012년 1월에는 고교 동창 부부들과 함께 패키지여행을 통해 바라나시를 방문하여 1박 2일을 머물렀다.

새벽녘에 작은 보트를 타고 강 위로 나아가 일출을 감상하며 바라나시의 전경을 둘러보았다. 동이 트면서 보트 위에서 본 갠지스강의 모습은 신비로웠다. 강변에서는 힌두교 장례 의식이 엄숙하게 진행되고 있었다. 여러 구의 시신이 동시에 화장되는 모습, 화장이 끝난 후 남은 유해를 강에 뿌리는 장면, 그리고 이를 정리하고 청소하는 사람들의 모습이 눈앞에서 펼쳐졌다.

강 한쪽에서는 힌두교 신자들이 몸을 온전히 강물에 담그며 정화 의식을 거행하고 있었으며, 일부는 갠지스 강물을 성수처럼 떠 가거나 직접 마시는 모습도 볼 수 있었다. 또 다른 한편에서는 사람들이 세탁을 하고, 빨래를 널어 말리는 등 강이 일상의 공간이기도 하다는 점을 실감했다.

밤이 되자 갠지스강변에서는 갠지스 여신에게 바치는 성스러운 의식인 '아르띠 푸자(Aarti Puja)'가 시작되었다. 전통 의상을 입은 제사장이 제단 위에서 신에게 경배를 드리며 향을 피우고 꽃을 뿌리는 한편, 커다란 횃불을 손에 들고 빙글빙글 돌리면서 신을 부르는 장면은 마치 축제처럼 보였다.

제사장의 묵직한 목소리로 낭송되는 경전과 낮게 울리는 종소리가 어우러져 신비로운 분위기를 자아냈다. 갠지스강 밤하늘을 향해 퍼져 나가는 기도 소리는 마치 수천 년 동안 이어져 온 듯한 깊은 울림을 주었다.

힌두교 신자들에게 갠지스강은 단순한 강이 아니라, 신성한 존재 그 자체다. 이 강에서 몸을 씻으면 모든 죄가 씻겨 나가고, 죽은 후 뼛가루를 이곳에 흘려보내면 극락에 갈 수 있다고 믿는다. 또한, 강물 위에 촛불을 띄우며 소원을 빌면 이루어진다는 전설도 있어, 수많은 사람들이 꽃과 촛불을 강에 띄우며 기도를 올린다.

2012년 1월 갠지스강 아르띠 푸자

 7월, 몬순 시즌에 다시 찾은 바라나시의 갠지스강은 겨울과는 전혀 다른 모습이었다. 폭우로 인해 강물의 수위가 상승하여 강변 계단(가트)의 맨 윗단까지 물이 차올라 거의 범람 직전이었다. 겨울철 강변에서 볼 수 있었던 장례 의식이나 세정 의식, 빨래하는 모습 등은 모두 물속에 잠겨 보이지 않았고, 오직 거대한 흙탕물이 넘실거리며 도도히 흐를 뿐이었다.

건기와 우기의 차이가 극명한 이 강은 마치 살아 있는 생명체처럼 다양한 얼굴을 가지고 있으며, 인도의 신앙과 문화 속에서 불가분의 관계를 맺고 있다.

사르나트 녹야원

2012년 1월, 인도 북부를 여행하며 불교의 중요한 성지 중 하나인 사르나트의 녹야원을 찾았다. 녹야원은 부처가 깨달음을 얻은 후 수행자들과 함께 처음으로 설법을 전한 장소로 알려져 있으며, 고요한 분위기 속에서 불교의 깊은 역사와 철학을 되새길 수 있는 곳이다.

2012년 1월 불교 성지 사르나트 녹야원

불교는 기원전 6세기경, 샤카족의 왕자로 태어난 싯다르타 고타마

(석가모니)에 의해 시작되었으며, 그는 세상의 고통과 윤회의 굴레에서 벗어나기 위해 출가하였고, 마침내 보드가야에서 깨달음을 얻어 부처가 되었다.

이후 그는 사르나트에서 최초의 설법을 하며 불교의 가르침을 전파하기 시작했고, 많은 제자들이 그를 따르면서 불교는 점차 확산되었다.

사르나트 녹야원 다메크 스투파 (최초 설법 장소에 세운 거대한 탑)

마우리아 왕조의 아쇼카 대왕(기원전 268~232년)이 불교를 적극적으로 보호하고 장려하면서 불교는 인도 전역으로 퍼졌으며, 특히 기원전 3세기에서 기원후 5세기까지 번성하였다. 그러나 이후 힌두교의 부흥과 이슬람 세력의 확장으로 인해 불교는 점차 쇠퇴하였고, 현재 인도 내 불교 신자는 약 850만 명 정도로 추산된다.

불교의 중요한 성지로는 부처가 태어난 룸비니, 깨달음을 얻은 보드가야, 최초로 설법을 설한 사르나트, 그리고 열반에 든 쿠시나가르가 있으며, 이를 불교의 4대 성지라고 부른다.

녹야원도 이와 같은 역사적 의미를 지닌 불교 유적지 중 하나이다. 현재 인도에서 불교 유적이 가장 많이 분포된 지역은 마하라슈트라주로, 이곳에는 세계적으로 유명한 아잔타와 엘로라 석굴이 위치해 있으며, 이는 불교 문화의 전성기를 보여 주는 대표적인 유적이다.

그러나 인도가 불교의 발상지임에도 불구하고 현재 불교는 인도에서 주요 종교로 자리 잡지 못하고 있다. 그 주된 이유 중 하나는 힌두교의 강한 영향력 때문이다. 특히 굽타 왕조(기원후 4~6세기) 시기에 힌두교가 국가적으로 부흥하면서 불교는 점차 쇠퇴하기 시작했다. 또한 12세기 이후 이슬람 세력이 인도를 점령하면서 불교 사찰과 대학들이 파괴되었고, 불교 승려들이 인도를 떠나면서 불교는 더욱 위축되었다.

녹야원을 찾았을 때 이곳이 단순한 유적지가 아니라 2,500년 전부터 지금까지 이어져 온 수행과 깨달음의 공간이라는 사실을 다시금 깨닫게 되었다. 하지만 한편으로는 불교의 발상지에서 불교가 살아 숨 쉬지 못하고, 단지 과거의 흔적으로 남아 있다는 사실이 안타깝게 느껴지기도 했다.

스리나가르 굴마르그

2017년 3월 뭄바이에 거주하면서, 주변의 만류와 우려를 무릅쓰고, 국지전이 계속되고 있던 카슈미르 지역의 수도인 스리나가르와 굴마르그 지역을 여행하였다.

2017년 3월 스리나가르~굴마르그 가는 길

인도의 최북단에는 잠무 & 카슈미르 주가 있고, 그 주도는 스리나가르이다. 이 지역은 파키스탄과의 국경 분쟁으로 인해 양국 간 첨예한 대립이 계속되고 있는 영토 분쟁 지역이다. 델리에서는 국내선 직항편으로 약 1시간 30분, 뭄바이에서는 약 3시간 30분이 소요되는 거리이다.

세계적인 고산 등정가들이 8,000m급 14좌를 완등하기 위해 반드시 거쳐야 할 낭가파르밧, K2, 가셔브롬 등의 산들이 이 지역에 위치해 있으며, 이 산들은 현재 파키스탄이 점유하고 있어, 등정을 위해서는 파키스탄을 통해 진입해야 한다.

카슈미르는 원래 인도와 파키스탄 어느 쪽에도 속하지 않은 토후국이었다. 영국은 식민 통치 시절 힌두교도와 무슬림 간 갈등을 조장하며 분열시켜 통치하였고, 1947년 8월 인도와 파키스탄이 독립하면서 갈등이 본격화되었다.

당시 카슈미르의 군주 하리 싱은 힌두교도였고, 파키스탄계 민병대의 공격을 받자 인도에 병합을 요청하였다. 이로 인해 1947년부터 14개월 간 제1차 인도, 파키스탄 전쟁이 벌어졌고, 결국 유엔의 중재로 휴전하였다.

1965년에는 파키스탄이 민간인으로 위장한 특수부대를 인도령 카슈미르에 침투시켜 제2차 인도, 파키스탄 전쟁이 발발하였고, 다시 유엔이 중재하여 휴전하였다.

이후 1971년에는 동파키스탄(현 방글라데시)이 독립을 시도하자 인도가 이를 적극 지원하면서 제3차 전쟁이 발발하였고, 방글라데시는 독립하였다.

2017년 3월 굴마르그 아퍼르산에서 바라본 낭가파르밧

　방글라데시 다카공항의 터미널 3 현장소장으로 근무하던 중, 과거 이 전쟁 시 투하되었으나 폭발하지 않은 대형 포탄 두 발을 발굴한 경험이 있다. 해당 포탄은 군 폭탄 제거팀에 의해 수거되었고, 당시 나이가 많이 든 감리원 중 한 분은 전쟁 당시 활주로 복구 공사를 직접 담당하였다고도 전했다.
　현재 카슈미르는 파키스탄, 인도, 중국이라는 세 핵보유국의 분쟁지역이 되어 버렸으며, 카슈미르의 이슬람계 무장 단체들이 분리 독립을 주장하며 인도와의 충돌이 이어지고 있다. 파키스탄은 이들 단체를 배후 지원함으로써 갈등이 더욱 심화되었다.
　굴마르그는 스리나가르에서 약 52km 떨어진 해발 2,700m 고지대 초원지대로, 카슈미르에서 가장 아름다운 리조트 중 하나로 손꼽힌다. 2017년 3월은 여전히 눈이 쌓인 겨울 풍경이어서, 굴마르그로 진입하기 위해서는 특수 차량으로 갈아타야 했다.

'굴마르그'라는 명칭은 '꽃(Gul)'과 '초원(Marg)'의 합성어로, 실제로도 꽃이 만발한 계절이면 꽃 축제가 열리는 곳이지만, 12월 중순부터 4월 중순까지는 눈으로 덮여 있어 스키와 스노보드를 즐길 수 있는 시즌이며, 세계에서 가장 높은 스키 리프트가 설치되어 있다.

리프트를 타고 4,100m 아퍼르 산 정상까지 올라가 보았다. 이 곤돌라는 프랑스에서 제작한 6인승으로, 제1 포스트(3km), 제2 포스트(3km)까지 연중 운행되며, 정상에서는 8,000m급 낭가파르밧과 K2를 조망할 수 있다.

2017년 3월 설경 속의 굴마르그 리조트

굴마르그는 군사적 긴장으로 인해 외국인의 발길이 끊겼고, 여행 당시에도 일부 인도 자국민들만 찾고 있는 실정이라서 호텔과 스키 리조트는 한산했다.

굴마르그는 통제선으로부터 25km밖에 떨어져 있지 않아 여행 내내 긴장감이 감돌았지만, 삼면이 전나무와 히말라야 삼나무로 둘러싸인 아름다운 설경을 경험할 수 있었다.

산봉우리들이 리조트를 굽어보고 있었고, 허리까지 쌓인 눈과 지붕 위 백설, 1m 길이의 고드름들이 이국적인 풍경을 자아냈다.

흰 눈이 소복이 쌓인 아침, 햇살 가득한 리조트 발코니에서 고드름을 감상하며 마신 커피 한 잔의 여운은 지금도 생생하며, 세계 어느 여행지에서도 경험하지 못했던 운치를 느낄 수 있었다.

자이푸르 '핑크 시티'

2012년 1월 인도 북부 라자스탄 주의 주도인 자이푸르(Jaipur)를 여행하였다. 자이푸르는 '핑크 시티(Pink City)'라는 애칭으로 더 잘 알려져 있다. 이는 19세기 후반, 영국의 왕세자 에드워드 7세가 방문했을 당시 환영의 의미로 도시 전체의 외벽을 분홍빛으로 칠한 것에서 유래한다. 그 이후 자이푸르는 독특한 도시계획과 전통미를 간직한 분홍색 건물들로 유명해졌고, 인도를 대표하는 역사문화도시로 자리 잡았다.

2012년 1월 인도 북부 자이푸르

자이푸르는 1727년, 라자스탄의 왕 마하라자 자이 싱 2세(Maharaja Jai Singh II)에 의해 건설되었으며, 인도 최초의 계획도시라는 점에서도 중요한 의미를 지닌다.

  당시로서는 혁신적인 격자형 도시 구조와 풍수, 점성술에 기반한 방향 설계는 힌두 전통의 도시개념과 실용적인 행정 운영을 결합한 독특한 시도였다. 자이푸르는 지금도 18세기에 설계된 그 도시계획의 틀을 상당 부분 그대로 유지하고 있다.

2012년 1월 인도 북부 자이푸르 '바람의 궁전'

  도시 곳곳에는 라자스탄 특유의 힌두 건축 양식과 이슬람, 페르시아

스타일이 조화를 이룬 궁전과 요새, 정원들이 산재해 있다.

대표적으로 '하와 마할(바람의 궁전)'은 자이푸르를 상징하는 건축물로, 여성 왕족들이 외부를 볼 수 있도록 만들어진 수백 개의 작은 창문을 통해 내부는 보이지 않되 바깥 공기는 자유롭게 드나들 수 있도록 설계된 정교한 구조를 자랑한다.

이 외에도 '시티 팰리스'와 '잔타르 만타르(천문 관측소)', 그리고 아라발리 언덕 위에 우뚝 솟은 '암베르 포트'는 자이푸르의 왕실 문화를 보여 주는 대표적 유산이다.

2012년 1월 자이푸르 City Palace

자이푸르는 힌두교 중심의 문화적 정체성을 뚜렷하게 유지하고 있는 도시이기도 하다. 도시 내에는 수많은 힌두 사원이 존재하며, 가네샤, 시바, 락슈미, 하나만 등 다양한 신들을 모시는 제단이 거리마다 자리하고 있다.

일상 속에 종교가 깊이 녹아든 인도인의 삶의 단면을 이곳에서도 자연스럽게 확인할 수 있으며, 매일 아침과 저녁이면 사원에서 울려 퍼지는 종소리와 향내가 골목을 채운다.

힌두교의 주요 명절인 디왈리(빛의 축제)나 홀리(색의 축제) 기간에는 도시 전체가 축제의 장으로 바뀌며, 관광객들도 그 문화의 일원이 되어 함께 참여할 수 있는 분위기가 형성된다.

자이푸르는 또한 수공예와 예술, 전통산업의 중심지이기도 하다. 블록 프린팅(전통 문양 염색), 블루 포터리(청색 세라믹), 실버 공예, 수놓은 직물과 보석 세공은 자이푸르의 자랑이다.

특히 핸드메이드 보석은 세계적으로도 유명하며, 핑크 시티라는 이름에 걸맞게 로즈쿼츠, 루비, 에메랄드 등을 정교하게 세공한 전통 보석상들이 도시 전역에 퍼져 있다. 이러한 전통 기술들은 힌두교적 상징성과 혼례문화, 여성의 장신구 문화 등과도 깊이 연관되어 있어, 종교적 미학과 실용예술이 결합된 형태로 계승되고 있다.

자이푸르를 여행하면서 처음 자이푸르에 도착하자마자 느낀 인상은 '색채의 도시'라는 별칭이 단지 건물의 외양에만 머무는 것이 아니라, 사람들의 옷차림, 시장의 풍경, 사원의 장식, 거리의 분위기까지 전방

위적으로 퍼져 있다는 느낌이 들었다.

 사원에 머물며 기도를 올리는 사람들의 표정에서, 붐비는 시장 속에 질서를 유지하는 태도에서, 그리고 하루의 피로를 안고 해가 질 무렵 가족 단위로 사원을 찾는 그 모습에서 힌두교가 삶과 얼마나 밀접하게 연결되어 있는지를 피부로 느낄 수 있었다.

 자이푸르는 불교의 성지들이 주는 내면의 사색이나, 시크교 황금 사원에서 느꼈던 공동체적 평등 정신과는 또 다른 색채를 보여 주는 도시였다. 이곳은 신성함과 세속, 전통과 현대가 교차하는 공간이자, 인도의 전통문화가 건축과 도시, 예술과 사람들의 삶에 어떻게 살아 숨 쉬는지를 보여 주는 생생한 무대였다.

나마스테 인도

ⓒ 박홍섭 2025

초판 1쇄 발행 2025년 8월 15일

지은이	박홍섭
펴낸이	이기봉
편집	좋은땅 편집팀
펴낸곳	도서출판 좋은땅
주소	서울특별시 마포구 양화로12길 26 지월드빌딩 (서교동 395-7)
전화	02)374-8616~7
팩스	02)374-8614
이메일	gworldbook@naver.com
홈페이지	www.g-world.co.kr

ISBN 979-11-388-4605-9 (03810)

- 가격은 뒤표지에 있습니다.
- 이 책은 저작권법에 의하여 보호를 받는 저작물이므로 무단 전재와 복제를 금합니다.
- 파본은 구입하신 서점에서 교환해 드립니다.